|개정판|

현대 일본어문법의 이해

|개정판|

현대 일본어문법의 이해

발행일 1판 1쇄 2014년 2월 28일 2판 1쇄 2020년 2월 28일 **발행인** 이진숙
저자 이묘희·금종애 **펴낸곳** 충남대학교출판문화원 **주소** 대전광역시 유성구 대학로 99
전화 042-821-6045 **홈페이지** cnupress.cnu.ac.kr **E-mail** cnupress@cnu.ac.kr

ISBN 979-11-6503-035-3 93730
정가 15,000원

| 개정판 |

현대 일본어문법의 이해

이묘희 · 금종애

충남대학교출판문화원

|개정판|
현대 일본어문법의 이해

머 리 말

본 교재는 일본어를 전공으로 학습하고자 하는 학생들을 위한 교재로 현재 일본의 각 학교에서 가르치고 있는 학교문법을 토대로 구성되었습니다. 학교문법은 일본인이 학교에서 국어시간에 배우는 국어문법을 말하며 모어화자가 일본어를 안다는 것을 전제로 합니다. 예를 들어 일본어교육문법에서 「ない형」은 학교문법에서는 「미연형(未然形)」이라 하여 「동작이 아직 성립되지 않은 형태」를 의미합니다. 따라서 일본어를 외국어로서 학습하는 학습자에게는 문법용어 등이 다소 어려울 수 있으므로 「ない형」과 같이 일본어교육에서 사용하는 문법용어를 사용합니다. 그러나 앞으로 학문의 한 분야로서 일본어(학)와 일본문학 등을 공부하기 위해서는 학교문법의 습득이 필요합니다.

본 교재에서는 전공학습자들이 다소 어렵게 느낄 수 있는 일본어의 학교문법을 다양한 예문을 사용하여 알기 쉽게 이해할 수 있도록 구성하였습니다. 또한 각장의 말미에는 특징적인 일본어에 대해 소개하여 학습자의 흥미를 불러일으킬 수 있도록 하였고, 연습문제를 제시하여 각 장에서 학습한 내용을 활용, 응용, 복습할 수 있도록 하였습니다.

구체적으로 본 교재는 다음과 같이 3부로 구성되어 있습니다.

제1부 문법 습득에 있어서 중요한 말의 단위인 단어(単語), 문절(文節), 문(文)에 대해 다루었습니다.

제2부 일본어의 학교문법에서 다루고 있는 일본어의 10품사에 대해 자세히 다루어 전공학습자가 일본어의 기초문법을 습득할 수 있도록 하였습니다.

제3부 전공학습자에게 보다 전문적인 문법지식을 제공하기 위해 일본어의 보이스, 모달리티, 텐스・아스펙트, 경어 등 좀 더 발전된 단계의 문법사항에 대해서도 다루어 전공학습자들이 실력향상을 도모할 수 있도록 하였습니다.

아무쪼록 이 문법서가 일본어를 보다 폭넓고 깊이 있게 학습하려는 전공학습자에게 조금이나마 보탬이 되기를 기대합니다.

마지막으로 이 책이 출판될 수 있도록 협조해 주신 충남대학교출판문화원 여러분께 깊은 감사의 말씀을 드립니다.

2020년 2월

저자

목 차

Part I

chapter 1 문법이란

1. 문법이란? = 15
2. 문법의 종류 = 16

chapter 2 문, 문절, 단어

1. 문 = 20
2. 문절 = 21
3. 단어 = 22
4. 문절 간의 관계 = 23

Part II

chapter 1 일본어의 품사분류

1. 자립어가 부속어인가 = 32
2. 활용의 유무 = 34
3. 활용의 형태, 문에서의 기능 = 34

chapter 2 명사

1. 명사의 특성 = 39
2. 명사의 종류 = 39
3. 특수명사 = 46

chapter 3 연체사

1. 연체사의 특성 = 60

2. 연체사의 종류 = 60

3. 연체수식어 = 62

chapter 4 부사

1. 부사의 특성 = 67

2. 부사의 종류 = 67

3. 복합부사 = 74

4. 부사의 형태 = 77

5. 부사의 명사적 용법 = 79

chapter 5 접속사

1. 접속사의 특성 = 84

2. 접속사의 용법 = 84

3. 접속사의 종류 = 85

4. 접속사의 구성 = 91

chapter 6 감동사

1. 감동사의 특성 = 99

2. 감동사의 종류 = 99

3. 감동사의 용법 = 101

chapter 7 동사

1. 동사의 특성 = 105
2. 동사의 활용 = 105
3. 동사 활용형의 용법 = 106
4. 동사 활용의 종류 = 111
5. 자동사와 타동사 = 121
6. 의지동사와 무의지동사 = 123
7. 형식동사(보조동사) = 125
8. 수수동사 = 126
9. 복합동사 = 128

chapter 8 형용사

1. 형용사의 특성 = 133
2. 형용사의 분류 = 133
3. 형용사의 활용 = 135
4. 형용사 활용형의 용법 = 136
5. 형용사 어간의 용법 = 139
6. 형용사의 「ウ」음편 = 140
7. 복합형용사 = 142

chapter 9 형용동사

1. 형용동사의 특성 ＿ 149
2. 형용동사의 활용 ＿ 149
3. 형용동사 활용형의 용법 ＿ 150
4. 형용동사 어간의 용법 ＿ 153
5. 특수형용동사 ＿ 154
6. 복합형용동사 ＿ 155

chapter 10 조동사

1. 조동사의 특성 ＿ 160
2. 조동사의 종류 ＿ 160
3. 수동의 조동사 「れる」「られる」 ＿ 162
4. 가능, 자발, 존경의 조동사 「れる」「られる」 ＿ 164
5. 사역의 조동사 「せる」「させる」 ＿ 166
6. 부정의 조동사 「ない」「ぬ」 ＿ 168
7. 과거, 완료의 조동사 「た」 ＿ 169
8. 추량, 의지, 권유의 조동사 「う·よう」「らしい」「まい」 ＿ 170
9. 희망의 조동사 「たい」「たがる」 ＿ 172
10. 공손의 조동사 「ます」 ＿ 174
11. 단정의 조동사 「だ」「です」 ＿ 175

12. 비유의 조동사 「ようだ」「みたいだ」 = 176
13. 전문의 조동사 「そうだ」 = 178
14. 양태의 조동사 「そうだ」 = 179

chapter 11 조사
1. 조사의 특성 = 185
2. 조사의 종류 = 185
3. 격조사 = 187
4. 접속조사 = 198
5. 부조사 = 215
6. 종조사 = 225

Part III

chapter 1 보이스(voice, 態)
1. 수동문 = 237
2. 사역문 = 247
3. 가능문 = 250
4. 자발문 = 252
5. 수수동사 = 252

chapter 2 **텐스(tense, 時制)와 아스펙트(aspect, 相)**

1. 텐스 ▪ 255
2. 아스펙트 ▪ 264

chapter 3 **모달리티(modality, 叙法)**

1. 단정을 나타내는 표현 ▪ 271
2. 추량을 나타내는 표현 ▪ 272
3. 추정을 나타내는 표현 ▪ 273
4. 전문을 나타내는 표현 ▪ 276

chapter 4 **경어**

1. 소재경어와 대자경어 ▪ 279
2. 존경어 ▪ 280
3. 겸양어 ▪ 283
4. 공손어 ▪ 286
5. 미화어 ▪ 287

<참고문헌> ▪ 290

<해답편> ▪ 295

PART I

Chapter 1
문법이란

1. 문법이란?

문법이란 언어의 사용법, 문을 만드는데 있어서의 규칙을 가리킨다. 우리들은 이러한 문법을 습득함으로써 여러 가지 표현을 만들 수 있고, 만들어진 표현을 자유롭게 해석할 수도 있다.

그렇다면 과연 이러한 문법은 어떻게 만들어지는 것일까? 우리는 흔히 문법에 대해 생각할 때 누군가가 정해놓은 문법이 있고, 우리가 그 문법을 습득하여 그 문법에 맞게 언어생활을 하고 있다고 생각한다. 하지만, 우리가 문법을 생각할 때에 주의할 점은 누군가가 정한 문법이 원래 있어서 그것에 따라 우리 모두가 이야기하고 있는 것이 아니라, 모두가 이야기하고 있는 것을 오랫동안 관찰을 거듭하여 법칙화한 것이 문법이라는 것이다. 즉, 문법이라는 것은 사람들이 이야기하거나 쓰거나 한 것을 오랫동안 관찰하여 말 속에 있는 법칙을 발견한 것이다. 우리가 국어의 문법이나 일본어의 문법으로 배우는 것은 그렇게 오랫동안 관찰하여 찾아낸 법칙을 문법학자가 이론적으로 정리해 놓은 것이다.

2. 문법의 종류

일본어의 문법은 구어문법(口語文法)과 문어문법(文語文法)으로 나누어진다. 구어문법이란, 구어(口語)의 문법을 말하는 것으로, 현대 공통어를 기본으로 한 학교문법을 가리키는 것이 보통이다. 학교문법(学校文法)이란 일본의 학교에서 가르치고 있는 문법으로 하시모토 신키치(橋本進吉:1887-1945)에 의해 제창된 하시모토 문법을 기초로 하여 만들어진 문법체계이다. 또한, 문어문법이란 문어(文語)의 문법으로 일반적으로 헤이안시대(平安時代) 중기의 고전어를 기본으로 한 규범문법을 가리킨다.

구어의 문법인 구어문법과 문어의 문법인 문어문법은 대조적인 관계에 있는데 문어문법이 고전을 바르게 독해하기 위해 기능하는데 대해 구어문법은 보다 바르게 현대어를 표현, 이해하기 위해 기능하는 경우가 많다. 최근에는 일반적으로 구어문법이라는 용어 대신에 일본어문법, 현대문법, 현대어문법, 현대일본어문법이라는 용어가 사용되고 있고 문어문법은 흔히 고전문법이라는 용어가 사용되고 있다.

학교문법과 일본어교육문법

일본인이 학교에서 국어시간에 배우는 국어문법을 학교문법이라고 한다. 학교문법은 일본인모어화자가 일본어를 안다는 것을 전제로 가르친다. 반면에 한국인일본어학습자 등과 같이 외국인에게 일본어를 가르치기 위한 문법을 일본어교육문법이라고 한다.

학교문법은 고등학교에서 가르치는 문어문법과의 일관성을 중시하여 하시모토 신키치의 학설(하시모토문법)을 토대로 만들어졌다. 한편 일본어교육문법은 현대일본어만을 이해하는 데에 도움이 된다.

학교문법과 일본어교육문법에서는 사용되는 문법 용어도 상이하다. 품사를 예를 들면, 학교문법에서는 형용사, 형용동사와 같은 용어로 품사를 구분하여 가르치지만, 일본어교육문법에서 형용사와 형용동사는 형태상의 차이는 있으나 성질이 유사하므로 형용사라는 하나의 품사로 묶어 「イ형용사」「ナ형용사」와 같이 가르친다.

이렇게 외국인학습자에게 일본어교육문법을 가르치는 이유는 학교문법에서 사용하는 문법 용어로 가르칠 경우의 학습상의 어려움을 해소하고 좀 더 효과적으로 일본어를 가르치기 위해서이다. 한국에서 모어화자에게는 국어문법을 가르치지만 외국인에게는 외국어로서의 한국어문법을 가르치는 것과 같은 것이다.

일본의 3대 문법

⇨ 야마다 문법

야마다 문법은 처음으로 현대일본어문법론의 기초를 구축한 야마다 요시오(山田孝雄:1875-1958)의 문법이론이다. 야마다는 일본문법론(『日本文法論』), 일본문법학개론(『日本文法学概論』)에서 그의 문법이론을 체계적으로 설명하고 있다. 야마다는 문법학의 단위로서 사상(思想)발표의 재료인 단어와 사상발표 그 자체인 문을 두고 있으며 품사는 기능을 가장 중요한 분류기준으로 하여 독립된 관념을 나타내는 관념어와 그 관념어에 붙어 그들과의 관계를 나타내는 관계어로 크게 구분하여 하위분류하고 있다. 야마다 문법의 특징은 조동사를 하나의 품사로 인정하지 않고, 감동사와 접속사를 부사의 일종으로 다루고 있으며 접속조사 「て」를 복어미로 취급하고 있다는 점이다.

⇨ 하시모토문법

하시모토 신키치의 문법이론으로 신문전별기(『新文典別記』), 국어법요설(『国語学要説』), 국문법체계론(『国文法体系論』) 등에 소개되어 있다. 문법연구에 있어 형태를 중시하여 문법개념을 설정하였다. 문법연구의 단위로서 문, 문절, 단어를 두고 있으며 품사 분류도 문절론의 입장에서 사(詞, 자립어)와 사(辞, 부속어)

로 나누어 하위분류하고 있다. 사(詞)와 사(辞)를 각각 활용의 유무에 따라 나누고 문절을 기준으로 문 속에서의 기능에 따라 단어를 분류하고 있다. 그러나 문절은 형태적 단위이므로 특히 술어와 다른 문절과의 구조적 관계에 대해 설명할 때 문제가 되기도 한다.

⇨ 도키에다 문법

도키에다 모토키(時枝誠記:1900–1967)의 문법이론으로 국어학원론(『国語学原論』), 국어학원론 속편(『国語学原論続編』)에 소개되어 있다. 도키에다는 표현 본질의 상이에 따라 단어를 사(詞)와 사(辞)로 나누고 있다. 예를 들어 도키에다 문법론에서 단어는 개념화, 객체화 과정을 거친 사(詞, 체언, 용언, 대명사, 연체사, 부사)와 언어행위의 주체이기는 하지만 개념화, 객체화되지 않은 표현인 사(辞, 접속사, 감동사, 진술부사, 조동사, 조사)로 나뉜다. 그러나 주체적이라는 것, 즉 개념화 과정을 거치지 않았다는 것이 무엇을 의미하는지 자세히 설명하지 않고 있어 불명확한 분류라는 비판을 받고 있다.

Chapter 2

문, 문절, 단어

1. 문(文)

문이라는 것은 사고나 감정을 언어로 표현할 때 구체성, 통일성, 완결성을 가진 문법상의 기본 단위이다. 문에는 눈앞에 펼쳐진 넓은 바다에 감격하여 「海！」라고 외칠 때처럼 단어 하나만으로 구성되는 것도 있고 몇 줄에 걸쳐 복잡하고 길게 이어지는 것도 있다. 일본어에서는 의문부호(?)나 감탄부호(!)는 잘 사용하지 않으나 문의 중간에는 쉼표(読点(、))를 찍고 문의 끝에는 마침표(句点(。))를 찍는다.

예 会場の中は水を打ったように静まり返った。
(회의장 안은 물을 끼얹은 듯이 아주 조용해졌다.)

2. 문절(文節)

문절이라는 것은 하시모토 신키치(橋本進吉:1887-1945)의 문법상의 용어로 의미를 해치지 않고 나눈 문의 최소단위이다. 예를 들어 「会場の中は水を打ったように静まり返った」라는 문을 의미를 해치지 않고 나누어 보면 「会場の」「中は」「水を」「打ったように」「静まり返った」가 되고, 「会場の」「中は」「水を」「打ったように」「静まり返った」는 각각 하나의 문절이 된다.

> **예** 会場の/中は/水を/打ったように/静まり返った。

문절을 나누는 법

일본어는 띄어쓰기를 하지 않으므로 문을 읽을 때, 문절 단위로 끊어 읽는 경우가 많다. 하지만 띄어쓰기에 익숙한 한국인들은 일본어를 끊어 읽는 것이 여간 어려운 일이 아니다. 이런 경우 조사 「ね」를 붙여본다. 「ね」를 붙여 읽어 봐서 부자연스럽지 않으면 그 단위가 하나의 문절이라고 보면 될 것이다.

> **예** 会場のね/中はね/水をね/打ったようにね/静まり返った(の)ね。

3. 단어(単語)

단어라는 것은 언어 단위의 하나로, 형태적으로는 하나 또는 둘 이상의 음절이 결합한 일정한 형태를 지니며 의미적으로는 일정한 의미를 나타내 그 이상 분해하면 의미를 해치게 된다. 기능적으로는 하나 또는 둘 이상이 연결되어 문절을 구성하는 요소가 된다.

다음 「会場の中は水を打ったように静まり返った」라는 문을 단어로 나누어 보면, 「会場」「の」「中」「は」「水」「を」「打っ」「た」「ように」「静まり返っ」「た」가 된다. 이러한 단어가 모여 문절을 이루고 다시 문절이 모여 문을 이루게 된다.

예 会場/の/中/は/水/を/打っ/た/ように/静まり返っ/た。 〈단어〉

⇩

예 会場の/中は/水を/打ったように/静まり返った。 〈문절〉

⇩

예 会場の中は水を打ったように静まり返った。 〈문〉

4. 문절 간의 관계

4.1 주술 관계

「무엇이(누가) 어떠하다(어찌하다)」라는 문에서 무엇이(누가)에 해당되는 말을 주어라고 하며 어떠하다(어찌하다)에 해당되는 말을 술어라고 한다.

예 花(はな)が咲(さ)く。
(꽃이 핀다.)

人(ひと)が走(はし)る。
(사람이 달린다.)

彼女(かのじょ)はきれいだ。
(그녀는 예쁘다.)

4.2 수식 피수식 관계

주어나 술어를 자세히 설명하는 말을 수식어라고 하고 수식을 받는 말을 피수식어라고 한다. 명사와 같이 체언을 수식하는 말을 연체수식어라고 하고, 형용사·형용동사·동사와 같이 용언을 수식하는 말을 연용수식어라고 한다.

예 美(うつく)しい花(はな)がたくさん咲(さ)いている。

(예쁜 꽃이 가득 피어 있다.)

春(はる)の風(かぜ)が暖(あたた)かく吹(ふ)いている。

(봄바람이 따뜻하게 불고 있다.)

4.3 병립 관계

대등한 관계의 두 문절을 조사, 접속사, 연용형 등으로 연결한 것을 병립 관계(대등 관계)라고 한다.

예 木(き)や花(はな) (조사)

(나무랑 꽃)

本(ほん)およびノート (접속사)

(책과 노트)

まじめで、きれいだ。(형용동사의 연용형)

(성실하고 예쁘다.)

明(あか)るくて、広(ひろ)い。(형용사의 연용형+て)

(밝고 넓다.)

4.4 보조 피보조 관계

다음 문에서 「いる」 「くださる」와 같이 본래의 의미를 잃고 주된 의미를 나타내는 「見(み)る」 「入(はい)る」와 같은 본동사의 보조적인 역할을 하는 동사를 보조동사라고 하고 이러한 관계를 보조 피보조 관계라고 한다.

예 田中(たなか)さんは遠(とお)くを見(み)ている。
(다나카 씨는 먼 곳을 보고 있다.)

そろそろ演奏会(えんそうかい)が始(はじ)まるので、早(はや)く中(なか)に入(はい)ってください。
(곧 연주회가 시작되니 빨리 안으로 들어가 주세요.)

4.5 독립 관계

감동, 응답, 부르는 말 등 다른 문절과 직접적 관계없이 독립적으로 쓰이는 말을 독립어라고 하고 이러한 문절을 다른 문절과 독립 관계에 있다고 한다.

예 ああ、きれい！
(아, 예뻐!)

はい、そうですが。
(예, 그렇습니다만.)

もしもし、佐藤(さとう)です。

(여보세요, 사토입니다.)

형식동사(보조동사)와 문절

학교문법에서 「ている」는 「て」는 접속조사, 「いる」는 형식동사로 두 개의 문절로 취급하고 있다. 이런 경우 문제가 되는 것은 「てしまう」의 축약형인 「ちゃう」와 같은 형태이다. 학교문법에서는 「てしまう」를 두개의 문절로 취급하고 있으나, 「てしまう」는 그 이상 나누게 되면 의미를 해치게 되고, 「ちゃう」는 그 이상 나눌 수가 없으므로 하나의 문절로밖에 볼 수가 없다.

문제

日本語

1. 다음 문은 몇 개의 단어, 문절로 이루어졌는지를 분석하시오.

① 私(わたし)は今日(きょう)図書館(としょかん)で勉強(べんきょう)した。
(나는 오늘 도서관에서 공부했다.)

문절:

단어:

② 今日(きょう)は休日(きゅうじつ)だからゆっくり休(やす)みたいですね。
(오늘은 휴일이니까 푹 쉬고 싶어요.)

문절:

단어:

③ 田中(たなか)さんは頭(あたま)もよく、まじめで、二枚目(にまいめ)だ。
(다나카 씨는 머리도 좋고 성실하고 멋있다.)

문절:

단어:

④ 美(うつく)しい山々(やまやま)が部屋(へや)の中(なか)からよく見(み)える。
(아름다운 산들이 방 안에서 잘 보인다.)

문절:

단어:

⑤ 便りが届いたのは夏になってからでした。
(소식이 온 것은 여름이 되고나서였습니다.)

문절:

단어:

2. 다음 문에서 밑줄 친 부분은 어떠한 관계에 있는지 쓰시오.

① 鳥がさえずる。
(새가 지저귄다.)

② 田中さんが走っている。
(다나카 씨가 달리고 있다.)

③ もしもし、佐藤です。
(여보세요, 사토입니다.)

④ 太郎君は元気に育ちました。
(다로 군은 건강하게 자랐습니다.)

⑤ 本とノートを用意してください。
(책과 노트를 준비해 주세요.)

PART II

Chapter 1

일본어의 품사분류

품사분류란 단어를 문법적 기능의 차이에 따라 체계적으로 분류한 것으로 현재 일본의 학교문법에서는 동사, 형용사, 형용동사, 명사, 부사, 연체사, 접속사, 감동사, 조동사, 조사와 같이 10품사로 분류하고 있다.

그 외에 명사, 수사, イ형용사, ナ형용사, 동사, 부사, 지시사, 접속사, 간투사, 조사, 조동사, 코퓨라(단정의 조동사 「だ」와 그 문어체인 「である」로 명사에 접속하여 술어를 만드는 것)와 같이 12품사로 분류하는 경우도 있고, 명사, 수사, イ형용사, ナ형용사, 동사, 부사, 지시사, 접속사, 간투사, 접두사, 접미사, 조사, 조동사, 형식명사, 조수사와 같이 15품사로 분류하는 경우도 있다.

본 교재에서는 학교문법에 따라 일본어의 품사를 동사, 형용사, 형용동사, 명사, 부사, 연체사, 접속사, 감동사, 조동사, 조사와 같이 10품사로 나누어 설명하기로 한다.

일본의 학교문법에서 품사는 다음과 같이 자립어인지, 부속어인지, 그리고 활용을 하는지, 하지 않는지, 또한 활용을 한다면 어떠한 형태로 활용하는지, 문에서 어떠한 기능을 하는지에 따라 10품사로 분류된다.

1. 자립어인가 부속어인가
2. 활용의 유무
3. 활용의 형태, 문에서의 기능

여기에서는 일본어의 품사분류에 대해 자세히 살펴보기로 한다.

1. 자립어가 부속어인가

일본어에서 자립어인가 부속어인가를 나누는 기준은 단어가 단독으로 문절을 만들 수 있는지 없는지이다. 문절이란 의미를 해치지 않고 나눈 문의 최소의 단위로, 단독으로 문절을 만들 수 있는 단어는 자립어이고 단독으로 문절을 만들 수 없는 단어는 부속어이다.

일본어의 자립어에는 동사, 형용사, 형용동사, 명사, 부사, 연체사, 접속사, 감동사가 있으며, 부속어에는 조동사와 조사가 있다. 다음 문에서 「私(わたし)」「今日(きょう)」「図書館(としょかん)」「勉強(べんきょう)し」라는 단어는 단독으로 문절을 만들 수 있는데 반해, 「は」「で」「た」는 단독으로 문절을 만들 수 없다. 따라서 다음 문을 자립어, 부속어로 분류하면 다음과 같다.

예 私は今日図書館で勉強した。

(나는 도서관에서 공부했다.)

・자립어 : 「私」「今日」「図書館」「勉強し」

・부속어 : 「は」「で」「た」

자립어, 부속어의 특징

○자립어

・그 자체만으로 문절이 될 수가 있다.

・문절의 처음에 온다.

・그 자체로 완성된 의미를 가지고 있다.

○부속어

・그 자체만으로는 문절이 될 수가 없다.

・문절의 처음에 올 수가 없고 반드시 자립어 뒤에 온다.

・자립어에 붙어 비로소 완성된 의미를 가진다.

2. 활용의 유무

활용이라는 것은 단어의 어미 부분이 여러 가지 의미를 나타내는 단어가 접속됨에 따라 그 형태가 변하는 것을 말한다. 일본어에서 활용이 있는 품사는 10품사 중 4종류로 자립어 중에는 동사, 형용사, 형용동사가 활용을 하며 명사, 부사, 연체사, 접속사, 감동사는 활용을 하지 않는다. 또한, 부속어 중에는 조동사가 활용을 하며, 조사는 활용을 하지 않는다. 이와 같이 활용을 하는 단어를 활용어, 활용을 하지 않는 단어를 무활용어라고 한다.

활용어, 무활용어

○**활용어**: 동사, 형용사, 형용동사, 조동사

○**무활용어**: 명사, 부사, 연체사, 접속사, 감동사, 조사

3. 활용의 형태, 문에서의 기능

활용을 하는 자립어는 다시 활용의 형태에 따라 어미가 「ウ」단으로 끝나는 동사, 어미가 「イ」로 끝나는 형용사, 어미가 「ダ」로 끝나는 형용동사로 분류된다.

또한, 문에서의 기능도 품사분류의 기준이 되는데 문에서 어떠한

기능을 하는지에 따라 술어가 되는 동사·형용사·형용동사(용언), 주어가 되는 명사(체언), 수식어가 되어 용언을 수식하는 부사, 체언을 수식하는 연체사, 접속어가 되는 접속사, 독립어가 되는 감동사로 나뉜다.

이 세 가지 분류기준에 따라 일본어의 품사를 분류한 것이 다음 〈품사분류표〉이다.

〈품사분류표〉

<table>
<tr><td rowspan="10">단어</td><td rowspan="8">자립어</td><td rowspan="3">활용어</td><td rowspan="3">술어가 되는 것</td><td>「う」단으로 끝남</td><td>동작, 작용, 존재를 나타냄</td><td>동사
예)読(よ)む, 降(ふ)る, いる 등</td></tr>
<tr><td>「い」로 끝남</td><td>성질, 상태를 나타냄</td><td>형용사
예)おいしい, 寒(さむ)い 등</td></tr>
<tr><td>「だ」로 끝남</td><td>성질, 상태를 나타냄</td><td>형용동사
예)静(しず)かだ, きれいだ 등</td></tr>
<tr><td rowspan="5">무활용어</td><td colspan="2">주어가 되는 것</td><td>사물의 명칭, 지시, 수량을 나타냄</td><td>명사
예)木(き), これ, 一本(いっぽん) 등</td></tr>
<tr><td rowspan="4">주어가 되지 않는 것</td><td rowspan="2">수식어가 되는 것</td><td>체언을 수식</td><td>연체사
예)いわゆる, 我(わ)が 등</td></tr>
<tr><td>용언을 수식</td><td>부사
예)決(けっ)して, いつも 등</td></tr>
<tr><td rowspan="2">수식어 되지 않는 것</td><td>접속어가 되어 전후의 문절이나 문 등을 접속함</td><td>접속사
예) しかし, だから 등</td></tr>
<tr><td>독립어가 되어 감동이나 응답 등을 나타냄</td><td>감동사
예)はい, あら 등</td></tr>
<tr><td rowspan="2">부속어</td><td>활용어</td><td colspan="3">주로 동사에 붙어 의미를 첨가하고 서술의 기능을 함</td><td>조동사
예)れる·られる, たい 등</td></tr>
<tr><td>무활용어</td><td colspan="3">여러 가지 단어에 붙어 관계를 나타내거나 의미를 첨가함</td><td>조사
예)が, から, ね 등</td></tr>
</table>

품사분류는 왜 필요할까?

품사를 분류하는 목적은 한 언어가 어떠한 구조를 가지고 있는지 쉽게 이해하기 위함이다. 또한 언어가 어떠한 기준에 의해 체계적으로 분류되어 있다면 문법 현상을 설명하는 것도 쉬울 것이다. 예를 들어, 일본어에서 「違(ちが)う」는 동사이므로 접속형태가 「違(ちが)くて」가 아니라 「違(ちが)って」이고, 「病気(びょうき)」는 명사이므로 연체형이 「病気(びょうき)な人(ひと)」가 아니라 「病気(びょうき)の人(ひと)」이다. 이렇게 설명할 수 있는 것은 품사분류 덕분이다.

품사 분류를 하는 목적은 우선 한 언어의 구조를 이해하기 위함이고 그렇게 함으로써 문법 현상을 쉽게 설명하기 위해서이다.

문제

日本語

1. 다음 문을 자립어와 부속어로 구분하시오.

① 昔々(むかしむかし)、あるところにおじいさんとおばあさんがいました。
(옛날 옛날 어느 곳에 할머니와 할아버지가 살았습니다.)

② 山田(やまだ)さんは富士山(ふじさん)に登(のぼ)って、木村(きむら)さんは立山(たてやま)に登(のぼ)りました。
(야마다 씨는 후지산에 올라갔고, 기무라 씨는 다테야마에 올라갔습니다.)

③ 海(うみ)で泳いでいる人(ひと)が佐藤(さとう)さんの友(とも)だちの田中(たなか)さんです。
(바다에서 수영하고 있는 사람이 사토 씨의 친구인 다나카 씨입니다.)

④ 「お金(かね)は要(い)らない」と彼(かれ)は言(い)いました。
(「돈은 필요없어」라고 그는 말했습니다.)

⑤ 私(わたし)は今(いま)、ソウルに住(す)んでいます。
(나는 지금 서울에 살고 있습니다.)

2. 다음 문을 품사별로 구분하시오.

① もしもし、田中さんのお宅ですか。
(여보세요, 다나카 씨 댁입니까?)

② 皆さんの左側に見える島が厳島です。
(여러분의 왼쪽에 보이는 섬이 이쓰쿠시마입니다.)

③ ああ、とても青い海だな。
(아, 정말 푸른 바다구나!)

④ 傘もささずに、歩いています。
(우산도 쓰지 않고 걷고 있습니다.)

⑤ かっこよくて、まじめな人ですね。
(멋있고 성실한 사람이군요.)

Chapter 2

명사

1. 명사의 특성

명사는 활용이 없는 자립어로 그 자체만으로 주어가 되며, 조사 등을 동반하여 문절을 만들 수 있는 단어이다.

2. 명사의 종류

명사의 종류에는 보통명사, 고유명사, 대명사, 수사가 있으며, 특수명사로서 형식명사, 합성명사, 전성명사와 같은 종류가 있다.

2.1 보통명사

일반적인 사물의 이름을 나타내며 구체명사와 추상명사로 나뉜다.

① 구체명사

사람, 동물, 식물, 자연, 물건 등 구체적인 개념을 나타내는 명사이다.

예 先生(선생님), 猫(고양이), 木(나무), 川(강), 山(산), 顔(얼굴), 家(집) 등

② 추상명사

동작, 작용, 성질, 상태, 방향, 위치, 시간 등의 추상적인 개념을 나타내는 명사이다.

예 勉強(공부), 徒歩(도보), 病気(병), 東(동쪽), 西(서쪽), 上(위), 下(아래), 今朝(오늘 아침), 知識(지식), 美(미), 責任(책임) 등

2.2 고유명사

고유의 이름을 나타내는 명사로 나라이름, 도시이름, 회사이름, 사람이름, 상품이름 등이 여기에 해당된다.

예 韓国(한국), アメリカ(미국), 東京(도쿄), ニューヨーク(뉴욕), トヨタ(도요타), エジソン(에디슨), ポッキー(포키, 과자 이름) 등

2.3 대명사

사물의 이름을 대신하여 쓰는 말로 인칭대명사와 지시대명사로 나뉜다.

① 인칭대명사-사람의 이름을 대신해서 쓰는 명사

예 私(わたし)(나/저), あなた(너/당신), 僕(ぼく)(나/저), 君(きみ)(너), 彼(かれ)(그), 彼女(かのじょ)(그녀) 등

〈인칭대명사의 예〉

1인칭 (自称)	2인칭 (対称)	3인칭(他称)			부정칭 (不定称)
		근칭 (近称)	중칭 (中称)	원칭 (遠称)	
わたし (나/저) ぼく (저) おれ (나)	あなた (너/당신) きみ (너) お前 (너)	この人 (이 사람) こいつ (이 녀석)	その人 (그 사람) そいつ (그 녀석)	あの人 (저 사람) あいつ (저 녀석) かれ (그)	どなた (어느 분) だれ (누구)

② 지시대명사-사물, 장소, 방향을 대신해서 쓰는 명사

예 これ(이것), そこ(거기), あちら(저쪽), どれ(어느 것) 등

〈지시대명사의 예〉

	사물	장소	방향
근칭 こ(이)	これ (이것)	ここ (여기)	こっち/こちら (이쪽)
중칭 そ(그)	それ (그것)	そこ (거기)	そっち/そちら (그쪽)
원칭 あ(저)	あれ (저것)	あそこ (저기)	あっち/あちら (저쪽)
부정칭 ど(어느)	どれ (어느 것)	どこ (어디)	どっち/どちら (어느 쪽)

*この(이), その(그), あの(저), どの(어느)→ 연체사
こう(이렇게), そう(그렇게), ああ(저렇게), どう(어떻게)→ 부사
こんな(이런), そんな(그런), あんな(저런), どんな(어떤)
→ 연체사(형용동사의 연체형이 남은 것)

2.4 수사

사물의 수를 나타내거나 순서 등을 나타내는 단어로 본수사와 조수사로 나뉜다. 이 본수사와 조수사를 합해서 수사라고 한다.

① 본수사 – 다음 밑줄 친 부분과 같이 수만을 나타내는 말

예 五軒[ごけん](5채), 三册[さんさつ](3권), 三人[さんにん](3명), 四本[よんほん](4자루, 4병…) 등

② 조수사 – 軒[けん], 册[さつ], 人[にん], 本[ほん]과 같이 단위를 나타내는 말

예 五軒[ごけん](5채), 三册[さんさつ](3권), 三人[さんにん](3명), 四本[よんほん](4자루, 4병…) 등

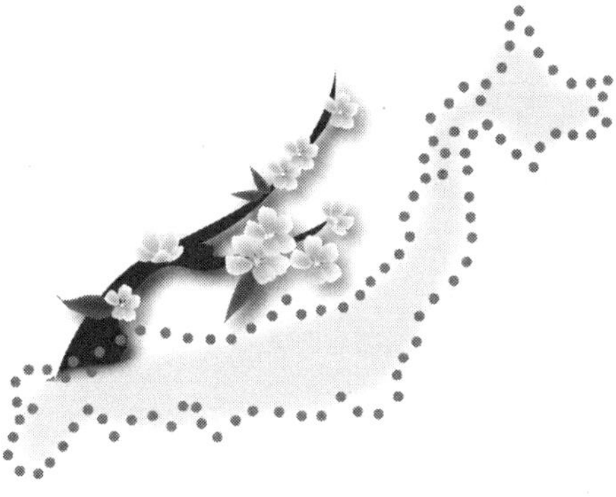

조수사가 붙었을 때의 음변화

① 조수사의 어두가 유성음인 경우는 음변화가 일어나지 않는다.

예 一円(いちえん)(1엔), 三台(さんだい)(1대), 六部(ろくぶ)(6부), 八円(はちぶ)(8엔), 十人(じゅうにん)(10명)

② 조수사의 어두가 무성음인 경우

- 조수사가 「サ」「タ」행으로 시작 → 1, 8, 10은 본수사가 촉음화

예 一冊(いっさつ)(1권), 八冊(はっさつ)(8권), 十冊(じゅっさつ)(10권)

一足(いっそく)(1켤레), 八足(はっそく)(8켤레), 十足(じゅっそく)(10켤레)

- 조수사가 「カ」행으로 시작 → 1, 6, 8, 10은 본수사가 촉음화

예 一階(いっかい)(1층), 六階(ろっかい)(6층), 八階(はっかい)(8층), 十階(じゅっかい)(10층)

一個(いっこ)(1개), 六個(ろっこ)(6개), 八個(はっこ)(8개), 十個(じゅっこ)(10개)

→ 3, 何(なん)(몇)이 올 경우 조수사가 탁음화하는 경우가 있다.

예 三足(さんぞく)(3켤레), 三階(さんがい)(3층), 何階(なんがい)(몇층), 三軒(さんげん)(3채), 何軒(なんげん)(몇채)

▶ 조수사가 「ハ」 행으로 시작

→ 1, 6, 8, 10은 본수사가 촉음화, 조수사도 「パ」 음으로 발음, 3에서는 「バ」 행으로 발음

예 一杯(いっぱい)(1잔), 一匹(いっぴき)(1마리), 一本(いっぽん)(1자루)

三杯(さんばい)(3잔), 三匹(さんびき)(3마리), 三本(さんぼん)(3자루)

六杯(ろっぱい)(6잔), 六匹(ろっぴき)(6마리), 六本(ろっぽん)(6자루)

八杯(はっぱい)(8잔), 八匹(はっぴき)(8마리), 八本(はっぽん)(8자루)

十杯(じゅっぱい)(10잔), 十匹(じゅっぴき)(10마리), 十本(じゅっぽん)(10자루)

→ 何(なん)(몇)이 올 경우 조수사가 탁음화

예 何杯(なんばい)(몇 잔), 何匹(なんびき)(몇 마리), 何本(なんぼん)(몇 자루)

▶ 羽(わ)의 원래음은 [wa]가 아니라 [ha]이므로 어두가 유성음인 조수사의 특징과 「ハ」 행 음인 조수사의 특징을 모두 가지고 있다.

예 一羽(いちわ)(1마리), 二羽(にわ)(2마리), 三羽(さんわ)・三羽(さんば)(3마리),

四羽(よんわ)(4마리), 五羽(ごわ)(5마리), 六羽(ろくわ)(6마리), 七羽(しちわ)・七羽(ななわ)(7마리),

八羽(はちわ)(8마리), 九羽(きゅうわ)(9마리), 十羽(じゅっぱ)(10마리)

3. 특수명사

3.1 형식명사

본래의 실질적인 의미가 희박해진 명사로 단독으로 쓰이지 못하고 항상 실질적인 의미를 가진 수식어와 함께 사용되며 주어가 될 수 없다. 형식명사는 보통 한자로 표기하지 않고 히라가나로 표기한다.

예 こと, もの, わけ, ところ, とおり, とき, ため 등

형식명사와 보통명사의 구별

① こと

・형식명사

예 わざわざ行(い)くことはない。
(일부러 갈 필요는 없다)

・보통명사

예 私(わたし)が日本(にほん)に行(い)ったときのことです。
(내가 일본에 갔을 때의 일입니다.)

② もの

・형식명사

예 子供(こども)は親(おや)の言(い)うことを聞(き)く<u>もの</u>だ。
(자식은 부모님 말을 들어야 하는 법이다.)

・보통명사

예 <u>もの</u>は投(な)げないでくれ。
(물건은 던지지 말아 줘.)

③ わけ

・형식명사

예 行(い)きたくない<u>わけ</u>ではないが、本当(ほんとう)に行(い)けないんだ。
(가고 싶지 않은 것은 아니지만, 정말 갈 수 없단 말야.)

・보통명사

예 何(なに)か<u>わけ</u>があるに違(ちが)いない。
(무언가 이유가 있음에 틀림없다.)

④ ところ

・형식명사

예 今、掃除をしているところです。

(지금, 청소를 하고 있는 참입니다.)

・보통명사

예 特に行きたいところがありましたら、言ってくださいね。

(특별히 가고 싶은 곳이 있으면 말해 주세요.)

⑤ とおり

・형식명사

예 まったくそのとおりです。

(정말로 그렇습니다.)

・보통명사

예 そのとおりは人の出入りがはげしい。

(그 길은 사람의 출입이 잦다.)

⑦ とき

・형식명사

예 ちょうどいい<u>とき</u>、来(き)てくれましたね。
(때마침 잘 와 주셨네요.)

・보통명사

예 <u>とき</u>が経(た)つのが速(はや)いです。
(시간이 빨리 지나가네요.)

⑧ ため

・형식명사

예 あなたに会(あ)う<u>ため</u>にここまで来(き)ました。
(당신을 만나기 위해 여기까지 왔습니다.)

・보통명사

예 彼女(かのじょ)は<u>ため</u>になる話(はなし)をよくしてくれます。
(그녀는 도움이 되는 이야기를 자주 해 줍니다.)

3.2 복합명사

복합명사는 명사, 형용사, 동사 등 복수의 단어가 하나의 명사를 구성하고 있는 것으로 다음과 같은 종류가 있다.

① 명사 + 명사

예 <ruby>山道<rt>やまみち</rt></ruby>(산길), <ruby>本箱<rt>ほんばこ</rt></ruby>(책 상자), <ruby>爪印<rt>つめいん</rt></ruby>(손도장, 지장) 등

② 동사의 연용형 + 명사

예 <ruby>鳴<rt>な</rt></ruby>き<ruby>声<rt>ごえ</rt></ruby>(울음소리), <ruby>忘<rt>わす</rt></ruby>れ<ruby>物<rt>もの</rt></ruby>(잊어버린 물건, 유실물), やり<ruby>方<rt>かた</rt></ruby>(방법) 등

③ 명사 + 동사의 연용형

예 <ruby>身動<rt>みうご</rt></ruby>き(몸을 움직임, 행동함), <ruby>卵焼<rt>たまごや</rt></ruby>き(계란말이), <ruby>花見<rt>はなみ</rt></ruby>(꽃구경) 등

④ 동사의 연용형 + 동사의 연용형

예 <ruby>組<rt>く</rt></ruby>み<ruby>立<rt>た</rt></ruby>て(조립), <ruby>立<rt>た</rt></ruby>ち<ruby>話<rt>ばなし</rt></ruby>(선채로 이야기하는 것, 또는 그 이야기), <ruby>乗<rt>の</rt></ruby>り<ruby>換<rt>か</rt></ruby>え(환승) 등

⑤ 형용사어간 + 명사

예 遠山《とおやま》(멀리있는 산), 近道《ちかみち》(지름길), 強火《つよび》(센 불) 등

⑥ 형용사어간 + 동사의 연용형

예 厚着《あつぎ》(옷을 두껍게 껴입음), 苦笑《にがわら》い(쓴 웃음),
長持《ながも》ち(오래 감, 오래 씀) 등

⑦ 명사 + 형용사어간

예 足早《あしばや》(빠른 걸음), 夜長《よなが》(밤이 긺), 気短《きみじか》(성급함) 등

⑧ 형용사어간 + 형용사어간

예 遠浅《とおあさ》(물가에서 멀리까지 물이 얕음), 細長《ほそなが》(가늘고 긺),
浅黒《あさぐろ》(거무스름함) 등

⑨ 접두어가 붙은 것

• お(御), ご(御), おん(御), み(御)가 붙은 것

예 お菓子《かし》(과자), お弁当《べんとう》(도시락), お金《かね》(돈), ご案内《あんない》(안내),
ご意見《いけん》(의견), ご相談《そうだん》(상담), 御中《おんちゅう》(편지에서 상대의 단체나 회사명 뒤에 붙이는 말), 御輿《みこし》(신위를 모시는 가마) 등

・き(生)가 붙은 것

예 生まじめ(고지식함), 生そば(순메밀 국수) 등

・こ(小)가 붙은 것

예 小柄(몸집이 작음), 小山(작은 산), 小屋(오두막집) 등

・す(素)가 붙은 것

예 素足(맨발), 素手(맨손), 素顔(화장기 없는 맨 얼굴) 등

・とう(当)가 붙은 것

예 当社(당사), 当銀行(당은행) 등

・はつ(初)가 붙은 것

예 初詣(새해 첫 참배), 初雪(첫눈), 初恋(첫사랑) 등

・ま(真), まっ(真っ), まん(真ん)가 붙은 것

예 真夏(한여름), 真新しい(아주 새롭다), 真っ赤(새빨감), 真っ白(새하얌), 真ん中(한가운데), 真ん丸(아주 동그람) 등

⑩ 접미어가 붙은 것

・がた(方)가 붙은 것

예 先生方(선생님들), あなた方(여러분들) 등

・さま(様), さん(様)이 붙은 것

예 お客様(손님), お日様(해님), 田中さん(다나카 씨) 등

・たち(達)가 붙은 것

예 私たち(우리들), 君たち(너희들) 등

・ども(共)가 붙은 것

예 私ども(저희들) 등

・ら(等)가 붙은 것

예 私ら(우리들), 彼ら(그들), 僕ら(우리들) 등

・め(目)가 붙은 것

예 二回目(두 번째), 二番目(둘째, 두 번째), 四代目(4대째) 등

*형용사 어간에 접미어 さ, み, け(げ)가 붙어서 이루어진 명사

예 重さ(무게), 暑さ(더위), 大きさ(크기), 甘み(단맛),

渋み(떫은 맛), 悲しみ(슬픔), 寒気(오한), 人気(인기척), 水気(물기), 寂しげ(쓸쓸함), 面白げ(우스움) 등

⑪ 첩어

예 人々(사람들), 山々(산들) 등

⑫ 명사 + の + 명사

예 茶の間(거실), 竹の子(죽순) 등

접두어, 접미어가 붙은 복합명사는 학자에 따라서는 파생명사로 취급하기도 한다.

3.3 전성명사

동사나 형용사의 어미가 변화하여, 원래의 품사로서의 성질을 잃고, 명사의 성질을 갖게 된 것을 가리킨다.

① 동사가 명사화한 것

예 考え(생각), 助け(도움), 帰り(귀가), 釣り(낚시) 등

② 형용사가 명사화한 것

예 うれしさ(기쁨), 遠く(먼 곳), 近く(근처) 등

형용사가 명사화 한「うれしさ」「甘み」등은 형용사어간에 접미어가 붙어 만들어진 것으로 학자에 따라서는 복합명사 혹은 파생명사로 취급하기도 한다.

명사의 부사적 용법

「今日、映画を見に行った。(오늘 영화를 보러 갔다.)」의「今日」의 품사는 명사일까?

명사는 활용하지 않는 자립어로 문에서 주어가 되는 성질을 가지고 있다. 그러나 위 문에서는 주어가 아니라「行った」라는 술어를 수식하는 부사적 용법으로 사용되었다. 이런 경우,「今日」의 품사를 명사로 봐야 할까? 아니면 부사로 봐야 할까? 품사는 여러 가지 분류 기준에서 어느 것을 우선하는가에 따라 결정되는데 여기서「今日」는 때를 나타내는 명사로 주어가 되는 성질을 가지고 있다는 점이 우선시되어 명사로 분류된다. 단, 이 경우는 명사의 부사적 용법으로 보는 것이 타당할 것이다.

문제

1. 다음 중에서 명사를 골라 그 종류를 쓰시오.

(보통명사, 고유명사, 수사, 대명사 등)

① それは一冊(いっさつ)いくらですか。

(그것은 한권에 얼마입니까?)

② 私(わたし)は山田(やまだ)と申(もう)します。

(저는 야마다라고 합니다.)

③ ここは身動(みうご)きがとれないほど狭(せま)い。

(여기는 몸을 움직일 수 없을 정도로 좁다.)

④ 彼女(かのじょ)は英語(えいご)の先生(せんせい)です。

(그녀는 영어 선생님입니다.)

⑤ 家(うち)では犬(いぬ)を一匹(いっぴき)飼(か)っています。

(우리 집에서는 개를 한 마리 키우고 있습니다.)

2. 다음 중 복합명사를 찾아 어떻게 구성되었는지 분석하시오.

① 子供はとてもお中がすいていたので、食べ物がほしかった。
(아이는 매우 배가 고팠으므로 먹을 것을 원했다.)

② 買い物のことなら、私に任せてださい。
(쇼핑이라면 저에게 맡겨 주세요.)

③ 私たちは夫婦でお店を営んでいます。
(저희들은 부부가 같이 가게를 운영하고 있습니다.)

④ 時間がないので、近道で行きましょう。
(시간이 없으니까 지름길로 갑시다.)

⑤ 母は隣の人と外で立ち話をしていた。
(엄마는 이웃집 사람과 밖에서 서서 이야기를 하고 있었다.)

3. 다음 중 전성명사를 찾으시오.

① 駅の近くにコンビニができて、とても便利になった。
(역 근처에 편의점이 생겨서, 정말 편리해졌다.)

② 彼女は悲しみのあまり泣いてしまった。
(그녀는 너무 슬픈 나머지 울어 버렸다.)

③ もうそんなごまかしは通用しません。
(더 이상 그런 속임수는 통하지 않습니다.)

④ あなたの助けなんか要りません。
(당신 도움 따위는 필요 없습니다.)

⑤ 彼への思いはいつまでも消えることはなかった。
(그를 향한 그리움은 언제까지나 사라지지 않았다.)

4. 다음 밑줄 친 명사가 형식명사인지 보통명사인지 구분하시오.

① 愛(あい)というものはこの世(よ)の中(なか)を支(ささ)えてくれます。
(사랑이라는 것은 이 세상을 유지시켜 줍니다.)

② アメリカに行けないわけを聞(き)かせてください。
(미국에 갈 수 없는 이유를 들려 주세요.)

③ あたたかいうちに食(た)べてね。
(따뜻할 때 먹어.)

④ 今度(こんど)、うちに遊(あそ)びに来(こ)ない？
(다음에 우리 집에 놀러오지 않을래?)

⑤ 私(わたし)は泳(およ)ぐことができない。
(나는 수영할 수가 없다.)

Chapter 3

연체사

1. 연체사의 특성

연체사는 체언(명사)을 수식하는 자립어로 활용을 하지 않는다. 주어, 술어가 될 수 없으며, 그것만으로 연체수식어가 되는 말이다.

2. 연체사의 종류

연체사를 형태에 따라 분류해 보면 다음과 같다.

① 「の」로 끝나는 것

「の」로 끝나는 연체사는 명사에 붙는 「の」와는 달리 「の」 앞이 자립어로서의 명사가 아니므로 「の」와 분리할 수 없다.

예 この学校(がっこう)(이 학교), その人(ひと)(그 사람), あの時(とき)(그 때), どの家(いえ)(어느 집), ほんの少(すこ)し(아주 조금), 当(とう)の本人(ほんにん)(바로 그 본인, 장본인) 등

② 「が」로 끝나는 것

「わが国《くに》」의 「わが」같이 「の」의 의미를 갖는다.

예 わが国《くに》(우리나라), わが家《や》(우리 집) 등

③ 「な」로 끝나는 것

「な」로 끝나는 연체사는 형용동사의 연체형만이 남은 것이다.

예 こんな(이런), そんな(그런), あんな(저런), どんな(어떤), 大《おお》きなりんご(큰 사과), 小《ちい》さな家《いえ》(작은 집), おかしな話《はなし》(이상한 이야기), いろんな出来事《できごと》(여러가지 일) 등

④ 「る」로 끝나는 것

「る」로 끝나는 연체사는 동사의 연체형이 특별한 형태로 남은 것이다.

예 さる一日《ついたち》(지난 1일), きたる十五日《じゅうごにち》(오는 15일), あらゆる学校《がっこう》(모든 학교), いわゆる自由主義《じゆうしゅぎ》(소위 말하는 자유주의), ある日《ひ》(어느 날), いかなる事情《じじょう》(어떠한 사정), 明《あ》くる日(다음 날), 思《おも》わざる出来事《できごと》(뜻하지 않은 일) 등

⑤ 「た(だ)」로 끝나는 것

「た」로 끝나는 연체사는 명사를 수식하는 존속을 나타내는 「た」와 같다.

예 たいした評判(대단한 평판),
とんだ話(말도 안 되는 이야기) 등

3. 연체수식어

연체사는 명사를 수식하는 품사이지만 연체사만이 명사를 수식할 수 있는 것은 아니다. 예를 들어, 동사나 형용사, 형용동사의 연체형과 다른 품사들도 명사를 수식할 수 있으므로 이들과 연체사를 구별하는 것이 중요하다.

① 동사의 연체형 + 명사

예 今日いらっしゃる方は田中さんです。
(오늘 오시는 분은 다나카 씨입니다.)

② 형용사의 연체형 + 명사

예 とても暖(あたた)かい日(ひ)ですね。

(정말 따뜻한 날이군요.)

③ 형용동사의 연체형 + 명사

예 きれいな花(はな)が咲(さ)いている。

(예쁜 꽃이 피어 있다.)

④ 명사 + の + 명사

예 僕(ぼく)の姉(あね)は先生(せんせい)です。

(제 누나는 선생님입니다.)

⑤ 부사 + の + 명사

예 妹(いもうと)はせっかくの日曜日(にちようび)なのに、寝(ね)てばかりいる。

(여동생은 모처럼 일요일인데 잠만 자고 있다.)

형용사의 연체형과 연체사의 차이점

다음 예에서 「大(おお)きい」와 「大(おお)きな」의 차이점은 무엇일까? 여기에서 형용사인 「大(おお)きい」는 주로 객관적 입장에서 구체적으로 명사를 수식할 때 사용하고, 연체사인 「大(おお)きな」는 주관적인 입장에서 추상적인 명사를 수식하는 경우에 주로 사용된다.

大(おお)きい建物(たてもの)
(큰 건물)

大(おお)きいかばん
(큰 가방)

大(おお)きな夢(ゆめ)
(큰 꿈)

大(おお)きなお世話(せわ)
(큰 신세)

문제

1. 다음 중 연체사로 쓰인 것을 모두 고르시오.(　　　　　　　　　　)

① 机(つくえ)の上(うえ)にあるのは鉛筆(えんぴつ)です。
(책상 위에 있는 것은 연필입니다.)

② あらゆる手(て)を打(う)ってみましたが、だめでした。
(모든 방법을 써 봤지만 소용이 없었습니다.)

③ いつか時間(じかん)のある日(ひ)、連絡(れんらく)します。
(언젠가 시간 있는 날 연락하겠습니다.)

④ たいしたもんですね。
(대단하네요.)

⑤ 明(あ)くる朝早(あさはや)く出発(しゅっぱつ)します。
(다음날 아침 일찍 출발합니다.)

2. 다음 (　　)안에 들어갈 적당한 연체사를 고르시오.

① (　　　　　　)国のスポーツは世界一である。
(우리나라의 스포츠는 세계 제일이다.)

② 入学式は(　　　　　　)三月一日行われる予定です。
(입학식은 오는 3월 1일에 행해질 예정입니다.)

③ 金メダルを取ったなんて、(　　　　　　)もんですね。
(금메달을 따다니 대단한 사람이네요.)

④ これが(　　　　　　)SF映画とよばれるものだ。
(이것이 소위 SF영화라고 불리는 것이다.)

⑤ (　　　　　　)気持だけのものですが、どうぞ。
(그저 마음뿐인 선물이지만 받아주세요.)

わが　　たいした　　いわゆる　　きたる　　ほんの

Chapter 4

부사

1. 부사의 특성

동사, 형용사, 형용동사와 같은 용언을 수식하는 자립어로 문에서 주어가 되지 못하며 활용이 없다.

2. 부사의 종류

2.1 상태부사

정태(情態(じょうたい))부사, 양태(様態(ようたい))부사라고도 하며, 용언과 용언을 포함하는 절을 수식하여 용언의 동작, 작용의 상태를 자세히 설명하는 말이다. 의성어, 의태어는 대부분 상태부사에 속한다.

예 彼女(かのじょ)は<u>ゆっくり</u>歩(ある)いていた。
(그녀는 천천히 걷고 있었다.)

あの人(ひと)はぶらぶら歩(ある)いている。

(저 사람은 빈둥빈둥 걷고 있다.)

彼女(かのじょ)がにこにこ笑(わら)っている。

(그녀가 생긋생긋 웃고 있다.)

きっぱり断(ことわ)る。

(단호히 거절하다.)

春風(はるかぜ)がそよそよ吹(ふ)く。

(봄바람이 살랑살랑 분다.)

이 외에 상태부사에는「こっそり」(몰래),「すぐ」(곧),「すっかり」(완전히),「かつて」(일찍이),「のんびり」(한가로운 모양),「まだ」(아직),「しばしば」(때때로),「おそるおそる」(조심조심),「やがて」(이윽고),「ワンワン」(멍멍) 등과 같은 종류가 있다.

※「彼女はゆっくり歩(ある)いた。(그녀는 천천히 걸었다.)」의「ゆっくり」는 정도를 나타내는 부사이다.

2.2 정도부사

용언과 용언을 포함하는 절을 수식하여 용언의 동작, 작용의 정도를 자세히 설명하는 말이다. 또한, 부사에도 붙어 그 동작이나 상태의 정도를 나타낸다.

예 彼女はなかなかかわいい。

(그녀는 꽤 귀엽다.)

食べ物がほとんど残っていない。

(음식이 거의 남아 있지 않다.)

彼の話し方はかなりゆっくりだ。

(그의 말은 상당히 느리다.)

彼は私よりずっと背が高い。

(그는 나보다 훨씬 키가 크다.)

男児が女児より少し多い。

(남아가 여아보다 조금 많다.)

이 외에 정도를 나타내는 부사로는 「ちょっと」(좀, 조금), 「いっそう」(한층), 「ごく」(극히), 「もっと」(더욱), 「わずか」(약간, 조금), 「たいそう」(매우, 몹시), 「だいたい」(대개), 「たくさん」(많이), 「いささか」(약간), 「やや」(약간, 다소) 등과 같은 종류가 있다.

2.3 진술부사

서술(叙述)부사라고도 하며 문말에 부정, 의문, 추량, 가정, 당연 등과 같은 특수한 표현을 요구하는 부사를 진술부사라고 한다. 문말표현과 호응하는 경우가 많으므로 호응부사라고도 한다.

① 비유와 호응

「まるで」(마치), 「あたかも」(마치) 등

예 まるで雪のようだ。
(마치 눈과 같다.)

あたかも天国にいるみたいだ。
(마치 천국에 있는 것 같다.)

② 추량과 호응

「きっと」(틀림없이), 「たぶん」(아마도), 「おそらく」(마치) 등

예 彼はきっと来るだろう。
(그는 틀림없이 올 것이다.)

おそらく明日は雨だろう。
(아마도 내일은 비일 것이다.)

③ 부정추량과 호응

「まさか」(설마), 「よもや」(설마) 등

예 まさかそんなことはないだろう。
(설마 그런 일은 없을 것이다.)

よもや知(し)るまいと思(おも)ったら、よく知(し)っていた。
(설마 모를 것이라고 생각했는데, 잘 알고 있었다.)

④ 원망(願望(がんぼう))·의뢰와 호응

「どうか」(제발, 아무쪼록), 「どうぞ」(아무쪼록), 「ぜひ」(꼭), 「なにとぞ」(아무쪼록) 등

예 どうかお許(ゆる)しください。
(제발 용서해 주세요.)

どうぞよろしくお願(ねが)いします。
(아무쪼록 잘 부탁드립니다.)

⑤ 의문·반어와 호응

「どうして」(왜, 어째서), 「なぜ」(왜) 등

예 どうして来(こ)なかったんですか。
(왜 오지 않은 겁니까?)

なぜ行かないんですか。

(왜 가지 않는 겁니까?)

⑥ 가정조건과 호응

「もし」(만약), 「たとえ」(비록, 설령), 「かりに」(만약, 만일) 등

예 もし一億円あったら、何に使いますか。

(만약 1억엔 있다면, 어디에 쓰겠습니까?)

たとえ行くとしても彼には会えないと思う。

(설령 간다고 하더라고 그와는 만날 수 없을 것이다.)

⑦ 금지와 호응

「決して」(결코), 「断じて」(결코) 등

예 決して負けてはいけない。

(결코 져서는 안 된다.)

断じて話してはならない。

(결코 이야기해서는 안 된다.)

⑧ 부정과 호응

「決して」(결코), 「とうてい」(도저히) 등

예 決(けっ)して そんなことはしない。

(결코 그런 일은 하지 않겠다.)

とうてい そんなことはできない。

(도저히 그런 일은 할 수 없다.)

3. 복합부사

복합부사는 다음과 같이 구성된다.

① 명사 + 조사

예 誠に(정말로), 時に(때때로, 가끔) 등

今日はお越しくださいまして、まことにありがとうございます。

(오늘은 왕림해 주셔서 진심으로 감사드립니다.)

彼はときに大失敗をする

(그는 가끔 큰 실수를 한다.)

② 명사 + 명사

예 時折(때때로), 折々(그때그때), 一々(하나하나) 등

田中さんにときおり、便りがあります。

(다나카 씨에게 때때로 편지가 옵니다.)

四季おりおりの趣がある。

(계절마다 그때그때의 정취가 있다.)

彼はいちいち文句を言ってきました。

(그는 하나하나 불평을 했습니다.)

③ 동사의 연용형 + 동사의 연용형

예 重ね重ね(자주, 잇따라, 거듭거듭),

取り分け(특히, 유난히, 그중에서도) 등

重ね重ねのご厚情、ありがとうございます。

(거듭된 후의에 감사드립니다.)

私はとりわけ、日本語が上手です。

(나는 특히 일본어를 잘합니다.)

④ 동사의 연용형 + 조사

예 至って(극히, 매우, 대단히), 極めて(극히, 매우) 등

彼はいたって頑健です。

(그는 매우 건강합니다.)

きわめて大きい。

(매우 크다.)

⑤ 동사의 미연형 + 조동사

예 絶えず(끊임없이), 思わず(뜻밖에, 나도 모르게) 등

技術は絶えず進歩しています。

(기술은 끊임없이 진보하고 있습니다.)

私(わたし)は思(おも)わずなみだが出(で)ました。

(저도 모르게 눈물이 났습니다.)

⑥ 형용사의 어간 + 형용사의 어간 + 조사

예 長々(ながなが)と(길게, 장황하게), 軽々(かるがる)と(가볍게) 등

鈴木(すず)さんと長々(ながなが)としゃべりました。

(스즈키 씨는 장황하게 이야기했습니다.)

彼(かれ)は重(おも)いかばんを軽々(かるがる)と持(も)ち上(あ)げました。

(그는 무거운 가방을 가볍게 들어 올렸습니다.)

⑦ 동사의 종지형 + 동사의 종지형

예 益々(ますます)(점점), 代(か)わる代(が)わる(번갈아, 교대로) 등

彼女(かのじょ)はますますきれいになりました。

(그녀는 점점 예뻐졌습니다.)

かわるがわる発言(はつげん)します。

(번갈아 발언합니다.)

⑧ 부사 + 조사

예 どうぞ(아무쪼록, 부디), どうか(아무쪼록, 부디) 등

どうぞ よろしくお願いします。
(아무쪼록 잘 부탁드립니다.)

どうか よろしくお願いします。
(아무쪼록 잘 부탁드립니다.)

4. 부사의 형태

부사의 형태에는 여러 가지가 있는데 일반적으로 「-と」「-に」와 같은 형태가 많다.

① 「と」의 형태로 쓰이는 경우

의성어, 의태어, 한자어를 부사로 쓸 경우에 사용된다.

・의성어

예 ぽんと投げ出す。
(톡 던진다.)

どんとぶつかる。
(딱 부딪힌다.)

・의태어

예 ゆらゆらとそよぐ。
(산들산들 흔들린다.)

にっこりと笑(わら)う。
(방긋 웃는다.)

・한자어

예 堂々(どうどう)と進行(しんこう)する。
(당당하게 진행한다.)

整然(せいぜん)と並(なら)ぶ。
(정연하게 늘어선다.)

② 「に」의 형태로 쓰이는 경우

예 ついでに友(とも)だちの家(うち)に寄(よ)ってくる。
(가는 김에 친구 집에 들러 올 것이다.)

たまに遊(あそ)びにくる。
(가끔 놀러온다.)

すぐに戻(もど)ってきなさい。
(바로 돌아오세요.)

5. 부사의 명사적 용법

① 명사와 같이 「-だ」「-です」의 형태로 술어가 되는 경우가 있다.

예 結婚式(けっこんしき)はもうすぐです。
(결혼식은 바로 할 것입니다.)

やあ、しばらくだね。
(야, 오랜만이네.)

かなりゆっくりだな。
(꽤 느리네.)

② 명사와 같이 「-の」의 형태로 명사를 수식하는 경우가 있다.

예 せっかくのやすみ
(모처럼 맞는 휴일)

かなりの長時間(ちょうじかん)
(상당히 긴 시간)

もしもの話(はなし)
(만약의 이야기)

의성어, 의태어의 어형

의성어, 의태어는 주로 다음 예와 같이 「きらきら」「きらっと」와 같은 형태로 사용되는 경우가 많다. 그렇다면 「きらきら」의 형태로 사용된 경우와 「きらっと」의 형태로 사용된 경우의 차이점은 무엇일까? 일반적으로 「きらきら」의 형태로 사용되었을 경우는 다회성, 즉 별이 여러 번 반짝반짝 거린다는 의미이고 「きらっと」의 형태로 사용되었을 경우는 일회성, 즉 별이 한번 반짝거린다는 의미이다.

예 星(ほし)がきらきら光(ひか)っている。(다회성)
(별이 반짝반짝 빛나고 있다.)

星(ほし)がきらっと光(ひか)る。(일회성)
(별이 반짝 빛난다.)

부사의 위치

부사는 위치에 따라 의미가 달라지므로 수식하는 말 바로 앞에 두어 의미를 확실하게 해야 한다.

예 彼(かれ)に必(かなら)ず来(く)るように伝(つた)えてください。
(그에게 꼭 오라고 전해 주세요.)

彼(かれ)に来(く)るように、必(かなら)ず伝(つた)えてください。
(그에게 오라고 꼭 전해 주세요.)

문제

日本語

1. 다음 밑줄 친 부사의 종류를 쓰시오.

① ゆっくり歩(ある)きましょう。
(천천히 걸읍시다.)

② 彼女(かのじょ)はまるで母親(ははおや)のような存在(そんざい)である。
(그녀는 마치 어머니와 같은 존재이다.)

③ このお菓子(かし)はとてもおいしい。
(이 과자는 정말 맛있다.)

④ 日本語(にほんご)はあまり上手(じょうず)ではない。
(일본어는 그다지 잘하지 못한다.)

⑤ どうぞお入(はい)りください。
(어서 들어오세요.)

2. 다음 괄호 안에 알맞은 부사를 보기에서 고르시오.

① (　　　)つらくても、最後までこの仕事をやりぬきたい。
(설령 괴롭다고 하더라도 마지막까지 이 일을 끝내고 싶다.)

② 今度、(　　　)家に遊びに来てください。
(다음에 꼭 집에 놀러 오세요.)

③ そんなことは(　　　)起らないでしょう。
(그런 일은 결코 일어나지 않을 것입니다.)

④ 田中さんは(　　　)来るでしょう。
(다나카 씨는 아마 올 것입니다.)

⑤ (　　　)そんなことが起るはずがない。
(설마 그런 일이 일어날 리가 없다.)

たぶん	ぜひ	たとえ	けっして	まさか

3. 다음 밑줄 친 복합부사는 어떻게 구성되었는지 분석하시오.

① <u>時々(ときどき)</u>、彼(かれ)に会(あ)っています。
(때때로 그를 만납니다.)

② <u>決(けっ)して</u>、行(い)きません。
(결코 가지 않겠습니다.)

③ <u>すぐに</u>行(い)きます。
(곧 가겠습니다.)

④ それを<u>いちいち</u>数(かぞ)えることはできません。
(그것을 일일이 셀 수는 없습니다.)

⑤ 子供(こども)は<u>みるみる</u>大(おお)きくなった。
(아이는 금세 자랐다.)

Chapter 5

접속사

1. 접속사의 특성

접속사는 활용하지 않는 자립어로 단독으로 주어, 술어, 수식어로 사용될 수 없으며 그것만으로 접속어가 되는 말이다.

2. 접속사의 용법

문과 문, 문절과 문절, 단어와 단어를 접속하는 역할을 한다.

① 단어와 단어를 접속하는 경우

예 奈良および京都は、二大旧都である。
(나라 및 교토는 2대 옛 수도이다.)

② 문절과 문절을 접속하는 경우

예 彼女は絵もうまいし、また、字もうまい。
(그녀는 그림도 잘 그리고 또 글씨도 잘 쓴다.)

③ 문과 문을 접속하는 경우

예 明日テストがある。だから、今日は一生懸命勉強するつもりだ。

(내일 테스트가 있다. 그래서 오늘은 열심히 공부할 생각이다.)

3. 접속사의 종류

3.1 순접

접속사 앞의 내용과 뒤의 내용이 인과관계로 연결된 경우이다. 「だから」(그러니까, 그래서), 「それで」(그래서), 「したがって」(따라서), 「すると」(그러자), 「ゆえに」(때문에), 「そこで」(그래서), 「それなら」(그렇다면), 「では」(그러면), 「よって」(그러므로, 따라서) 등과 같은 종류가 있다.

예 昨日、雨が降った。それで、今日は道が悪い。
(어제 비가 내렸다. 그래서 오늘은 길이 좋지 않다.)

彼はいつも約束の時間に遅れる。だから、彼にはもう会いたくないのだ。
(그는 언제나 약속 시간에 늦는다. 그래서 그와는 더 이상 만나고 싶지 않다.)

ドアを叩(たた)いた。<u>すると</u>、おばあさんが出(で)てきた。

(문을 두드렸다. 그러자 할머니가 나왔다.)

3.2 역접

접속사 앞의 내용과 뒤의 내용이 역접으로 연결된 경우이다. 「しかし」(그러나), 「けれども」(그렇지만), 「ところが」(그런데), 「だが」(하지만), 「だけど」(그렇지만, 그러나), 「が」(그렇지만, 그러나), 「しかしながら」(그렇긴 하지만), 「でも」(그렇지만), 「それでも」(그런데도), 「それなのに」(그럼에도 불구하고) 등과 같은 종류가 있다.

예 昨日(きのう)、雨(あめ)が降(ふ)った。<u>しかし</u>、道(みち)はすっかり乾(かわ)いていた。

(어제 비가 내렸다. 그러나 길은 완전히 말라 있었다.)

彼(かれ)は一生懸命運動(いっしょうけんめいうんどう)している。<u>ところが</u>、ちっともやせない。

(그는 열심히 운동하고 있다. 그러나 조금도 살이 빠지지 않는다.)

日本語(にほんご)はおもしろいです。が、漢字(かんじ)が難(むずか)しいです。

(일본어는 재미있습니다. 그렇지만 한자가 어렵습니다.)

3.3 병립, 첨가

문과 문, 문절과 문절, 단어와 단어를 동등하게 연결하는 접속사이다. 「そして」(그리고), 「それに」(게다가), 「また」(또), 「それから」(그리고, 그리고나서), 「ならびに」(및, 또), 「しかも」(게다가), 「そのうえに」(게다가, 또한), 「なお」(또한, 덧붙여), 「おまけに」(또한, 뿐만 아니라), 「さらに」(더욱이) 등과 같은 종류가 있다.

예 山また山を越えていく。 〈병립〉

(산, 또 산을 넘어간다.)

最近の中高生は日本語ならびに中国語を勉強している。 〈병립〉

(요즘 중고등학생은 일본어 및 중국어를 공부하고 있다.)

お金もないし、それに、住む家もない。 〈첨가〉

(돈도 없고, 게다가 살 집도 없다.)

遠足にお菓子を持っていこう。それから、飲み物も持っていこう。 〈첨가〉

(소풍갈 때 과자를 가지고 가야지. 그리고 음료수도 가져 가야겠다.)

3.4 선택

선택은 둘 중에 어느 한 쪽만 해당되는 것을 나타낼 때 쓰는 접속사이다. 앞의 내용과 뒤의 내용이 선택의 대상임을 나타낸다. 「あるいは」(혹은), 「もしくは」(혹은, 또는), 「それとも」(그렇지 않으면), 「または」(또는, 혹은), 「ないし」(혹은, 또는) 등과 같은 종류가 있다.

예 映画(えいが)が好(す)きですか、それとも、ドラマが好(す)きですか。
(영화를 좋아합니까, 그렇지 않으면 드라마를 좋아합니까?)

電話(でんわ)またはファックスでお知(し)らせします。
(전화 또는 팩스로 통지하겠습니다.)

妹(いもうと)、もしくは私(わたくし)がまいります。
(여동생, 혹은 제가 가겠습니다.)

3.5 보충

접속사 앞의 내용에 대해 보충 설명하는 접속사이다. 「つまり」(즉, 요컨대), 「すなわち」(즉, 이를테면), 「たとえば」(예를 들면), 「ただし」(단), 「要(よう)するに」(요컨대, 결국), 「なぜなら」(왜냐하면) 등과 같은 종류가 있다.

예 彼(かれ)はスポーツなら何(なん)でもできる。ただし、マラソンはだめだ。

(그는 스포츠라면 뭐든지 할 수 있다. 단, 마라톤은 못한다.)

彼(かれ)は私(わたし)の兄(あに)の息子(むすこ)だ。すなわち、私(わたし)のおいなわけだ。

(그는 나의 형의 아들이다. 즉, 나의 조카인 셈이다.)

雨(あめ)でずぶ濡(ぬ)れになってしまいました。なぜなら、傘(かさ)を持(も)って来(こ)なかったからです。

(비때문에 흠뻑 젖어버렸습니다. 왜냐하면, 우산을 안 가지고 왔기 때문입니다.)

3.6 전환

이제까지의 화제와 다른 화제로 이야기를 전개할 때 쓰는 접속사이다. 「さて」(그런데, 그건 그렇고), 「それでは」(그러면, 그럼), 「ところで」(그런데) 등과 같은 종류가 있다.

예 さて、今日(きょう)の本題(ほんだい)ですが。
(그건 그렇고, 오늘의 주제입니다만.)

やあ、久(ひさ)しぶりだな。ところで、このごろはどうだ?
(야, 오랜만이야. 그런데 요즘 어떻게 지내나?)

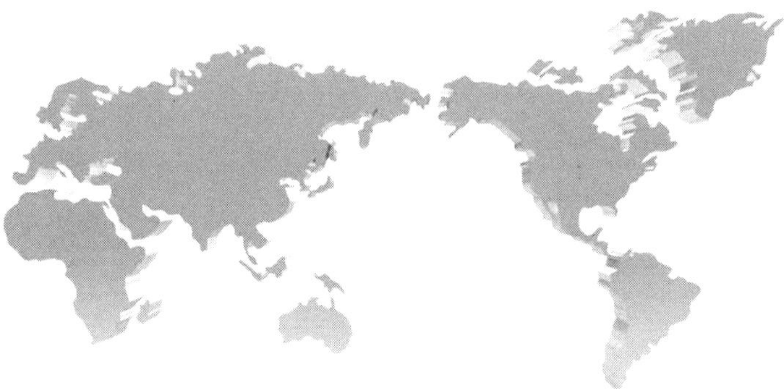

4. 접속사의 구성

대부분의 접속사는 부사나 조사에서 전성되거나 여러 가지 품사가 합성되어 이루어진다.

① 명사 + 조사

예 それから(그리고, 그리고나서), ところが(그런데), ゆえに(따라서) 등

② 동사 + 조사

예 すると(그러자), ならびに(및, 또), よって(따라서) 등

③ 부사 + 조사

예 または(또는), もしは(또는) 등

④ 조동사 + 조사

예 だが(하지만), だ(です)から(그러니까, 그래서), だ(です)けれども(그렇지만, 그러나) 등

⑤ 조사 + 조사

예 でも(하지만), では(그럼) 등

⑥ 부사 + 조동사 + 조사

예 そうですが(그렇습니다만) 등

⑦ 부사 + 동사 + 조사

예 そうして(그래서), そうすると(그러면),
そうしたら(그러면) 등

접속사와 다른 품사와의 구별

① 접속사와 부사

・접속사

예 彼(かれ)はおお金持(かねも)ちだ。また、頭(あたま)もいい。
(그는 상당한 부자다. 또한, 머리도 좋다.)

・부사

예 また来(き)てくださいね。
(또 오세요.)

② 접속사와 조사

・접속사

예 彼(かれ)は彼女(かのじょ)を捜(さが)した。が、彼女(かのじょ)の姿(すがた)はどこへもなかった。

(그는 그녀를 찾았다. 그렇지만 그녀의 모습은 어디에도 없었다.)

・조사(접속조사)

예 彼(かれ)は彼女(かのじょ)を捜(さが)したが、彼女(かのじょ)の姿(すがた)はどこへもなかった。

(그는 그녀를 찾았지만, 그녀의 모습은 어디에도 없었다.)

③ 접속사와 명사(대명사)＋조사

・접속사

예 彼(かれ)は日本語(にほんご)が上手(じょうず)だ。それに英語(えいご)もしゃべることができる。

(그는 일본어를 잘한다. 게다가 영어도 말할 수 있다.)

・명사(대명사)＋조사

예 カバンに紙(かみ)がついてありますので、それに名前(なまえ)を書(か)いてください。

(가방에 종이가 붙어 있으니 거기에 이름을 써 주세요.)

④ 접속사와 동사 + 조사

・접속사

예 口笛(くちぶえ)を吹(ふ)いた。すると、子犬(こいぬ)が跳(と)んできた。

(휘파람을 불었다. 그러자 강아지가 달려 왔다.)

・동사+조사

예 悪(わる)いことをすると、罰(ばつ)があたるよ。

(나쁜 짓 하면 벌 받아.)

⑤ 접속사와 조동사 + 조사

・접속사

예 彼(かれ)に敗(ま)けた。だが、今度(こんど)は必(かなら)ず勝(か)つ。

(그에게 졌다. 하지만 다음엔 꼭 이길 것이다.)

・조동사+조사

예 これは私(わたし)のものだが、ほしければ、あげるよ。

(이것은 내 것인데 원한다면 줄게.)

문제

1. 다음 밑줄 친 접속사의 종류를 쓰시오.

① 山田(やまだ)さんは彼女(かのじょ)の家(いえ)に行(い)った。<u>しかし</u>、彼女(かのじょ)はいなかった。
(야마다 씨는 그녀의 집에 갔다. 그러나 그녀는 없었다.)

② 飲(の)み物(もの)は何(なに)にしますか。コーヒーですか、<u>それとも</u>、お茶(ちゃ)ですか。
(음료는 무엇으로 하겠습니까? 커피로 하겠습니까, 그렇지 않으면 차로 하겠습니까?)

③ <u>では</u>、これから会議(かいぎ)を始(はじ)めます。
(그럼 지금부터 회의를 시작하겠습니다.)

④ <u>それなら</u>、話(はなし)は簡単(かんたん)ですね。
(그렇다면 이야기는 간단하네요.)

⑤ 私(わたし)は学校(がっこう)まで歩(ある)いて行(い)きました。<u>なぜなら</u>、バスが来(こ)なかったからです。
(저는 학교까지 걸어갔습니다. 왜냐하면 버스가 오지 않았기 때문입니다.)

2. 다음 밑줄 친 단어의 품사를 쓰시오.

① 今、忙しいですが、後で電話くださいませんか。
(지금 바쁜데 나중에 전화 주시지 않겠습니까?)

② 彼は今日もまたここへ来た。
(그는 오늘도 또 여기에 왔다.)

③ 窓を開けてください。それから、大きく息を吸ってください。
(창문을 여세요. 그리고 크게 숨을 쉬세요.)

④ 今日友だちの家に行った。そこでご飯を食べた。
(오늘 친구 집에 갔다. 거기에서 밥을 먹었다.)

⑤ あそこに紙が置いてあるので、そこにお名前とご住所をお書きください。
(저기에 종이가 놓여 있으니 거기에 성함과 주소를 써 주세요.)

3. 다음 괄호 속에 알맞은 접속사를 넣으시오.

① コーヒーにしますか、(　　　　　)紅茶にしますか。
(커피로 하겠습니까? 그렇지 않으면 홍차로 하겠습니까?)

② 東京、(　　　　　)日本の首都。
(도쿄, 즉 일본의 수도)

③ (　　　　　)、例の件ですが。
(그건 그렇고 요전의 일에 대해서입니다만.)

④ 韓国の車は安くて、(　　　　　)性能もいいです。
(한국의 차는 싸고, 게다가 성능도 좋습니다.)

⑤ 昼まではいい天気でした。(　　　　　)急に雪が降ってきました。
(낮까지는 좋은 날씨였습니다. 그런데 갑자기 눈이 내렸습니다.)

しかも	ところが	さて	すなわち	それとも

4. 다음 중 접속사로 쓰인 것을 찾으시오.

① 明日(あした)、またいらっしゃってください。
(내일 또 오세요.)

② 山(やま)に登(のぼ)り、それから、海(うみ)にも行(い)きました。
(산에 오르고, 그리고 바다에도 갔습니다.)

③ 一生懸命(いっしょうけんめい)勉強(べんきょう)したけれど、試験(しけん)に落(お)ちた。
(열심히 공부했지만 시험에 떨어졌다.)

④ サッカーもするし、また、テニスもする。
(축구도 하고 또 테니스도 한다.)

⑤ 駅(えき)に行(い)って、そこで、少(すこ)し待(ま)ってください。
(역에 가서, 거기에서 좀 기다리세요.)

Chapter 6

감동사

1. 감동사의 특성

사람의 감정을 나타내는 자립어로 주어, 술어, 수식어, 접속사가 되지 않으며 활용이 없다.

2. 감동사의 종류

① 감동을 나타내는 말로 「あら」(아아), 「おや」(어), 「ほう」(와), 「やあ」(야아, 와), 「さあ」(자, 그럼), 「おお」(오오) 등과 같은 종류가 있다.

예 あら、すてき！
(아아, 멋있어.)

ほう、それはよかったね。
(와, 그것 참 잘 됐네요.)

やあ、たいぶ大(おお)きくなったね！
(야, 꽤 많이 컸네!)

② 부르는 말(呼び掛け)로 「もしもし」(여보세요), 「あの」(저기), 「あのね」(저기요, 저기 있잖아요), 「なあ」(여보게, 이봐), 「ねえ」(저기), 「おい」(야, 이봐) 등과 같은 종류가 있다.

예 おい、早くいらっしゃい！
(야, 빨리 와.)

あのね、これ何という？
(저기, 이거 뭐라고 해?)

③ 응답을 나타내는 말로 「はい」(예), 「いいえ」(아니요), 「ええ」(네), 「うん」(응) 등과 같은 종류가 있다.

예 A：あなたも行きますか。
(당신도 갈 겁니까?)

B：はい、行きます。
(예, 갈 겁니다.)

3. 감동사의 용법

① 독립어로 사용된다.

예 ああ、よかった！
(아, 다행이다.)

さあ、始(はじ)めましょう。
(그럼, 시작합시다.)

② 단독으로 하나의 문이 된다.

예 A : あなた、木村(きむら)さんですね。
(당신, 기무라 씨죠?)

B : いいえ。
(아니요.)

감동사와 조사(종조사)

다음 문에서 「ねえ」의 품사는 무엇일까?

우선 문의 처음에 나온 「ねえ」는 상대방의 주의를 끌기 위해 사용되는 표현으로 감동사이다. 그리고 문의 마지막에 쓰인 「ねえ」는 종조사(終助詞)로 가벼운 다짐, 확인(念押し)을 나타낸다. 종조사에 대해서는 chapter 11 조사 부분에서 자세히 다루기로 한다.

감동사 ↓ 조사(종조사) ↓

예 ねえ、たぶん明日雨が降るだろうねえ。

(저기, 아마 내일 비가 내리겠지?)

문제

1. 다음 밑줄 친 감동사가 어떤 용법으로 사용되었는지 쓰시오.

① もしもし、田中(たなか)ですが、キムさんお願(ねが)いします。
(여보세요, 다나카인데요, 김○○씨 부탁드립니다.)

② はい、分(わ)かりました。
(예, 알았습니다.)

③ あら、裕子(ゆうこ)さんじゃないですか。
(어머, 유코 씨 아니세요?)

④ やあ、これは珍(めずら)しい。
(와, 이거 보기 드문 건데.)

⑤ おい、何(なに)するんだ。
(야! 뭐하는 거야.)

2. 다음 밑줄 친 부분의 품사를 쓰시오.

① ねえ、早(はや)く行(い)きましょうよ。
(저기요, 빨리 가요.)

② 今日(きょう)はとてもいい天気(てんき)ですね。
(오늘은 정말 좋은 날씨네요.)

③ ねえ、あなた、明日(あした)映画(えいが)見(み)に行(い)かない？
(저기, 여보, 내일 영화 보러 가지 않을래?)

④ 最近(さいきん)とても寒(さむ)いですねえ。
(요즘, 너무 춥네요.)

⑤ これいいでしょう。ねえ？

(이거 좋지요? 그렇죠?)

Chapter 7
동사

1. 동사의 특성

동사는 활용하는 자립어로 사물의 동작(「動く」(움직이다), 「行く」(가다), 「運ぶ」(옮기다) 등), 작용(「降る」(내리다), 「咲く」(피다), 「流れる」(흐르다) 등), 존재(「有る」(있다), 「居る」(있다) 등) 등을 나타내며 단독으로 술어가 될 수 있다.

2. 동사의 활용

동사는 그 사용법에 따라 다음과 같이 어형이 변화하는데 이를 활용이라고 하고, 그 활용한 형태를 활용형이라고 한다. 이 때 「か」「こ」「き」와 같이 변화하는 부분을 활용어미라고 하고, 「書」와 같이 변화하지 않은 부분을 어간이라고 한다.

예 字を書かない。
(글자를 쓰지 않는다.)

字(じ)を書(か)こう。

(글자를 써야겠다.)

字(じ)を書(か)きます。

(글자를 씁니다.)

3. 동사 활용형의 용법

동사에는 미연형(未然形(みぜんけい)), 연용형(連用形(れんようけい)), 종지형(終止形(しゅうしけい)), 연체형(連体形(れんたいけい)), 가정형(仮定形(かていけい)), 명령형(命令形(めいれいけい))의 6가지 활용형이 있다. 동사 활용형의 주요 용법을 살펴보면 다음과 같다.

① 미연형

동작이나 작용이 아직 성립되어 있지 않음을 나타내는 형태를 미연형이라고 한다. 부정형(「ない」형), 의지형(「う·よう」)이라고도 하며, 「せる·させる」「れる·られる」와 같은 조동사에도 연결된다.

예 書(か)かない。

(쓰지 않는다.)

書(か)こう。

(써야지.)

食べさせる。

(먹게 한다.)

食べられる。

(먹힌다.)

② 연용형

용언에 연결되는 형태를 연용형이라고 한다.

・조동사 「ます」「て・たり・た」「たい」 등에 연결되며, 조사 「ながら」「ても」 등에도 연결된다.

예 書きます(씁니다), 書いて(쓰고),
書いたり(쓰거나), 書いた(썼다),
書きたい(쓰고 싶다), 書きながら(쓰면서),
書いても(쓰더라도) 등

・문을 연결하는 경우에도 사용된다.

예 大学に行き、友だちに会う。

(대학에 가서 친구를 만난다.)

バスに乗り、図書館に行く。

(버스를 타고 도서관에 간다.)

・다른 용언에 연결되어 복합동사, 복합형용사 등을 만든다. 연용형이라는 용어는 여기에서 온 것이다.

예 書(か)きはじめる(쓰기 시작하다), 書(か)きにくい(쓰기 어렵다) 등

・동사의 명사형으로서의 역할을 한다.

예 読(よ)み(읽기), 書(か)き(쓰기) 등

③ 종지형

문을 끝낼 때 사용되는 형태를 종지형이라고 한다. 조동사 「そうだ」「らしい」, 조사 「から」「けれども」 등에도 연결된다. 또한 단어로서 제시할 경우에 이 형태를 사용하므로 기본형이라고도 하며, 동사, 형용사, 조동사는 이 형태로 사전에 실려 있으므로 사전형이라고도 한다. 참고로 형용동사는 어간의 형태로 실려 있다.

예 雨(あめ)が降(ふ)るそうだ。
(비가 올 거라고 한다.)

雨(あめ)が降(ふ)るらしい。
(비가 올 것 같다.)

雨(あめ)が降(ふ)るから、早(はや)く帰(かえ)ろう。
(비가 올 거니까 빨리 돌아가자.)

雨が降るけれども、出かける。

(비가 오더라도 외출할 것이다.)

④ 연체형

말 그대로 체언(명사)에 연결되는 형태를 연체형이라고 한다. 이외에 조동사 「ようだ」, 조사 「の」「ので」「のに」「ばかり」「だけ」「ほど」 등에도 연결된다.

예 動物園に行くときは、声をかけてください。

(동물원에 갈 때는 이야기 해 주세요.)

彼は明日引っ越すようだ。

(그는 내일 이사 갈 것 같다.)

直接するより、見るのがいいです。

(직접 하는 것보다 보는 것이 좋습니다.)

会議が始まるので、中に入ってください。

(회의가 시작되니 안으로 들어 오세요.)

飲めば飲むほど、おいしくなる。

(마시면 마실수록 맛있어진다.)

⑤ 가정형

「ば」에 연결되어 가정조건을 나타내는 형태를 가정형이라고 한다.

예 雨(あめ)が降(ふ)れば、行事(ぎょうじ)は中止(ちゅうし)です。
(비가 내리면 행사는 중지입니다.)

⑥ 명령형

명령의 의미로 문을 종지하는 형태를 명령형이라고 한다.

예 言(い)う前(まえ)に動(うご)け！
(말하기 전에 움직여!)

4. 동사 활용의 종류

동사의 활용의 종류에는 오단활용, 상일단활용, 하일단활용, 「サ」행 변격활용, 「カ」행 변격활용의 다섯 종류가 있다.

4.1 오단활용

다음 표와 같이 「あ」「い」「う」「え」「お」 다섯 단에 걸쳐 활용하는 동사를 오단활용동사라고 한다.

예 本(ほん)を読(よ)まない。
(책을 읽지 않는다.)

本(ほん)を読(よ)もう。
(책을 읽어야지.)

本(ほん)を読(よ)みます。
(책을 읽습니다.)

本(ほん)を読(よ)む。
(책을 읽는다.)

本(ほん)を読(よ)むとき、スタンドをつけている。
(책을 읽을 때 스탠드를 켜고 있다.)

本を読めば、分かります。

(책을 읽으면 압니다.)

本を読め!

(책을 읽어!)

〈오단활용동사 활용형의 주요 용법〉

기본형	어간	미연형	연용형	종지형	연체형	가정형	명령형
読む	読	よま よも	よみ	よむ	よむ	よめ	よめ
주요 용법		ない, う에 연결	ます에 연결	종지	とき(체언) 에 연결	ば에 연결	명령
활용하는 단		ア, オ	イ	ウ	ウ	エ	エ

동사의 음편

오단활용동사에만 나타나는 현상으로 오단활용동사의 연용형에 「て」「た」「たり」가 접속될 때 음변화가 일어나는 현상을 동사의 음편(音便)이라고 한다. 보통 오단활용동사의 연용형은 「う」단이 「い」단으로 어미가 변화하지만, 이 경우는 특수하게 어미가 「い」「ん」「っ」으로 바뀐다. 이를 각각 「イ음편(イ音便)」「발음편(撥音便)」「촉음편(促音便)」이라 한다. 이를 표로 정리하면 다음과 같다.

〈동사의 음편〉

어미	음편형	예
く, ぐ	イ音便	引く → 引いて 泳ぐ → 泳いで
ぬ, む, ぶ	撥音便	死ぬ → 死んで 読む → 読んで 飛ぶ → 飛んで
う, つ, る	促音便	買う → 買って 待つ → 待って 乗る → 乗って
す	/	話す → 話して
예외	促音便	行く → 行って

특수오단활용동사

「なさる」「いらっしゃる」「くださる」「おっしゃる」와 같은 동사는 존경의 의미를 나타내는 동사이다. 이들 존경을 나타내는 동사는 「ます」에 연결될 때 「-い」가 되고 명령형에서도 「-い」로 바뀐다. 이와 같이 연용형, 명령형에서 오단활용동사와는 다른 형태를 보이므로 이들 동사를 특수오단활용동사라고 한다.

예 佐藤先生(さとうせんせい)はそんなことはなさらないと思(おも)う。

(사토 선생님은 그런 일은 하시지 않을 거라고 생각한다.)

お客様(きゃくさま)は居間(いま)にいらっしゃいます。

(손님은 거실에 계십니다.)

鈴木(すずき)さんはいつもお土産(みやげ)を持(も)ってきてくださる。

(스즈키 씨는 언제나 선물은 가지고 와 주신다.)

あの方(かた)がそんなことをなさることがありますか。

(저 분이 그런 일을 하신 적이 있습니까?)

東京(とうきょう)にいらっしゃれば、声(こえ)をかけてください。

(도쿄에 오시면 연락주세요.)

〈특수오단활용동사의 활용형의 주요 용법〉

<table>
<tr><th>기본형</th><th>어간</th><th>미연형</th><th>연용형</th><th>종지형</th><th>연체형</th><th>가정형</th><th>명령형</th></tr>
<tr><td>なさる</td><td>なさ</td><td rowspan="4">−ら
−ろ</td><td rowspan="4">−い
−(っ)</td><td rowspan="4">−る</td><td rowspan="4">−る</td><td rowspan="4">−れ</td><td rowspan="4">−い</td></tr>
<tr><td>いらっしゃる</td><td>いらっしゃ</td></tr>
<tr><td>くださる</td><td>くださ</td></tr>
<tr><td>おっしゃる</td><td>おっしゃ</td></tr>
<tr><td colspan="2">주요 용법</td><td>ない,
う에 연결</td><td>ます,
た에 연결</td><td>종지</td><td>とき(체언)
에 연결</td><td>ば에
연결</td><td>명령</td></tr>
<tr><td colspan="2">활용하는 단</td><td>ア, オ</td><td>イ</td><td>ウ</td><td>ウ</td><td>エ</td><td>イ</td></tr>
</table>

4.2 상일단활용

다음 「起(お)きる」와 같은 동사의 활용형은 활용어미인 「い」 단음에 종지형, 연체형에서는 「る」, 가정형에서는 「れ」, 명령형에서는 「ろ」「よ」가 각각 붙은 형이다. 이와 같은 활용을 하는 동사를 상일단활용동사라고 한다.

예 朝(あさ)、早(はや)く起(お)きない。

(아침에 일찍 일어나지 않는다.)

朝(あさ)、早(はや)く起(お)きます。

(아침에 일찍 일어납니다.)

朝(あさ)、早(はや)く起(お)きる。

(아침에 일찍 일어난다.)

早く起きるときは、目覚まし時計を使っている。

(일찍 일어날 때는 알람시계를 사용하고 있다.)

朝、早く起きれば、いつも運動をしています。

(아침에 일찍 일어나면 언제나 운동을 하고 있습니다.)

早く起きろ(よ)!

(빨리 일어나!)

〈상일단활용동사 활용형의 주요 용법〉

기본형	어간	미연형	연용형	종지형	연체형	가정형	명령형
起きる	起	おき おき	おき	おき る	おき る	おき れ	おき ろ おき よ
주요 용법		ない, よう에 연결	ます에 연결	종지	とき(체언) 에 연결	ば에 연결	명령
활용하는 단		イ	イ	イ (ル)	イ(ル)	イ(レ)	イ(ロ) イ(ヨ)

※ 학교문법에서 「起きる」의 어간은 「起」이고 나머지 부분을 어미로 취급하고 있다. 그러나 실제로 「起きる」의 경우, 변하지 않는 부분이 「起き」(起きない, 起きます, 起きる, 起きるとき, 起きれば, 起きろ(よ))이므로 어간은 「起き」이다. 이는 학교문법의 문제점으로 지적되고 있는 사항이다.

※ 「走る」(달리다), 「知る」(알다), 「要る」(필요하다), 「入る」(들어가다), 「切る」(자르다) 등과 같이 형태는 상일단활용동사와 같지만 예외적으로 오단활용을 하는 동사도 있다.

4.3 하일단활용

다음 「食(た)べる」와 같은 동사의 활용형은 활용어미인 「え」단음에 종지형, 연체형에서는 「る」 가정형에서는 「れ」, 명령형에서는 「ろ」「よ」가 각각 붙은 형이다. 이와 같이 활용하는 동사를 하일단 활용동사라고 한다.

예 朝(あさ)ご飯(はん)を食(た)べない。
(아침밥을 먹지 않는다.)

朝(あさ)ご飯(はん)を食(た)べます。
(아침밥을 먹습니다.)

朝(あさ)ご飯(はん)を食(た)べる。
(아침밥을 먹는다.)

食(た)べるときは、静(しず)かにしてください。
(먹을 때는 조용히 해 주세요.)

納豆(なっとう)は食(た)べれば食(た)べるほどおいしくなる。
(낫토는 먹으면 먹을수록 맛있어진다.)

早(はや)く食(た)べろ(よ)！
(빨리 먹어!)

〈하일단활용동사의 활용형의 주요 용법〉

기본형	어간	미연형	연용형	종지형	연체형	가정형	명령형
食(た)べる	食(た)	たべ たべ	たべ	たべる	たべる	たべれ	たべろ たべよ
주요 용법		ない, よう에 연결	ます에 연결	종지	とき(체언) 에 연결	ば에 연결	명령
활용하는 단		エ	エ	エ(ル)	エ(ル)	エ(ル)	エ(ロ) エ(ヨ)

※ 「帰(かえ)る」(돌아가다), 「減(へ)る」(줄다), 「滑(すべ)る」(미끄러지다), 「蹴(け)る」(차다), 「喋(しゃべ)る」(말하다, 수다 떨다)」 등과 같이 형태는 하일단활용동사와 같지만 예외적으로 오단활용을 하는 동사도 있다.

4.4 「カ」행 변격활용

변격활용이란 위의 오단활용, 상일단활용, 하일단활용처럼 규칙적으로 활용이 일어나지 않고 불규칙적으로 활용하는 동사를 말한다. 일본어에서 다음과 같이 활용하는 동사를 「カ」행 변격활용동사라고 하며 일본어에서 「カ」행 변격활용 동사는 「来(く)る」 한 단어밖에 없다.

예 彼(かれ)は来(こ)ない。

(그는 오지 않는다.)

彼(かれ)はかならず来(き)ます。

(그는 반드시 옵니다.)

彼(かれ)はかならず来(く)る。

(그는 반드시 온다.)

来(く)るときは、連絡(れんらく)してね。

(올 때는 연락해.)

彼(かれ)が来(く)れば、分(わ)かるようになります。

(그가 오면 알게 됩니다.)

早(はや)く来(こ)い！

(빨리 와!)

〈「カ」행 변격활용동사 활용형의 주요 용법〉

기본형	어간	미연형	연용형	종지형	연체형	가정형	명령형
来(く)る		こ	き	くる	くる	くれ	こい
주요 용법		ない, ようにに 연결	ます에 연결	종지	とき(체언) 에 연결	ば에 연결	명령
활용하는 단		オ	イ	ウ(ル)	ウ(ル)	ウ(レ)	オイ

4.5 「サ」행 변격활용

「サ」행 변격활용도 「カ」행 변격활용과 같이 활용이 불규칙적으로 일어난다. 일본어에서 다음과 같이 활용하는 동사를 「サ」행 변격활용동사라고 하며 일본어에서 「サ」행 변격활용동사는 「する」 한 단어밖에 없다.

예 私はあまり運動をしない。

(나는 별로 운동을 하지 않는다.)

彼は毎朝運動をします。

(그는 매일 아침 운동을 합니다.)

彼は毎朝運動をする。

(그는 매일 아침 운동을 한다.)

運動をするときは、けがしないように気をつけたほうがいい。

(운동을 할 때는 다치지 않도록 주의하는 게 좋다.)

運動をすれば、健康にいい。

(운동을 하면 건강에 좋다.)

運動をしろ(せよ)！

(운동을 해!)

〈「サ」행 변격활용동사 활용형의 주요 용법〉

<table>
<tr><th>기본형</th><th>어간</th><th>미연형</th><th>연용형</th><th>종지형</th><th>연체형</th><th>가정형</th><th>명령형</th></tr>
<tr><td>する</td><td></td><td>し
せ
さ</td><td>し</td><td>する</td><td>する</td><td>すれ</td><td>しろ
せよ</td></tr>
<tr><td colspan="2">주요 용법</td><td>ない, よう,
ざる, ぬ,
せる, れる에
연결</td><td>ます,
た에
연결</td><td>종지</td><td>とき
(체언)
에 연결</td><td>ば에
연결</td><td>명령</td></tr>
<tr><td colspan="2">활용하는 단</td><td>イ, エ, ア</td><td>イ</td><td>ウ(ル)</td><td>ウ(ル)</td><td>ウ(レ)</td><td>イ(ロ)
エ(ヨ)</td></tr>
</table>

5. 자동사와 타동사

자동사란 동작이나 작용의 영향이 다른 것에 미치지 않는 동사를 말하며 타동사란 동작·작용의 영향이 다른 것에도 미치는 동사를 말한다.

① 자동사

목적어를 필요로 하지 않는 동사로 「起きる」(일어나다), 「止まる」(멈추다) 등이 있다.

예 朝、早く起きる。
(아침에 일찍 일어난다.)

車(くるま)が止(と)まる。

(차가 멈춘다.)

② 타동사

목적어를 필요로 하는 동사로 「読(よ)む」(읽다), 「食(た)べる」(먹다) 등이 있다.

예 本(ほん)を読(よ)む。

(책을 읽는다.)

ご飯(はん)を食(た)べる。

(밥을 먹는다.)

※ 자동사와 타동사 중에는 다음 표와 같이 어근의 일부를 공유하면서 대응 관계를 이루고 있는 경우가 있다.

<table>
<tr><th colspan="2">동사형</th><th>자동사</th><th>타동사</th></tr>
<tr><td colspan="2">–iru → –asu</td><td>生(い)きる</td><td>生(い)かす</td></tr>
<tr><td colspan="2">–u → –eru</td><td>立(た)つ</td><td>立(た)てる</td></tr>
<tr><td colspan="2">–eru → –asu</td><td>出(で)る</td><td>出(だ)す</td></tr>
<tr><td colspan="2">–ru → –su</td><td>起(お)こる</td><td>起(お)こす</td></tr>
<tr><td rowspan="2">aru →</td><td>–u</td><td>掴(つか)まる</td><td>掴(つか)む</td></tr>
<tr><td>–eru</td><td>始(はじ)まる</td><td>始(はじ)める</td></tr>
<tr><td colspan="2">–ru → –seru</td><td>似(に)る</td><td>似(に)せる</td></tr>
<tr><td colspan="2">–eru → –ru</td><td>見(み)える</td><td>見(み)る</td></tr>
<tr><td colspan="2">–areru → –u</td><td>生(う)まれる</td><td>生(う)む</td></tr>
</table>

6. 의지동사와 무의지동사

의지동사란 인간의 의지에 따른 동작을 나타내는 동사이고, 무의지동사란 인간의 의지로는 컨트롤할 수 없는 동사를 말한다.

① 의지동사

인간의 의지에 따른 동작을 나타내는 동사로 「読(よ)む」(읽다), 「買(か)う」(사다), 「食(た)べる」(먹다) 등과 같은 동사가 있다.

예 本(ほん)を読(よ)む。
(책을 읽는다.)

ノートを買(か)う。
(노트를 산다.)

パンを食(た)べる。
(빵을 먹는다.)

② 무의지 동사

인간의 의지로 컨트롤할 수 없는 동사로 「降(ふ)る」(내리다), 「咲(さ)く」(피다), 「乾(かわ)く」(마르다) 등과 같은 동사가 있다.

예 雨(あめ)が降(ふ)る。
(비가 내린다.)

花(はな)が咲(さ)く。

(꽃이 핀다.)

道(みち)が乾(かわ)く。

(길이 마른다.)

※ 의지동사와 무의지동사의 구별은 절대적인 것이 아니고 경우에 따라 의지동사가 되기도 하고 무의지동사가 되기도 한다.

예 化粧(けしょう)を落(お)とす。 〈의지동사〉

(화장을 지운다.)

財布(さいふ)を落(お)とす。 〈무의지동사〉

(지갑을 잃어버린다.)

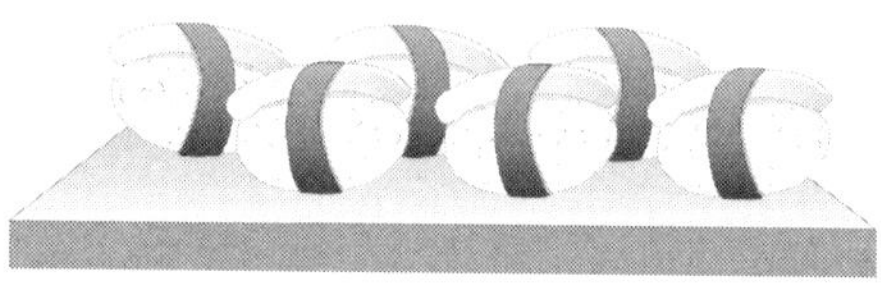

7. 형식동사(보조동사)

형식동사란 동사 본래의 의미가 약해진 동사로, 다른 동사의 「て」형 뒤에 붙어 본동사에 어떠한 의미를 첨가해 주거나 보조적인 역할을 하는 동사를 말한다. 「-ている」(-하고 있다), 「-てある」(-해져 있다), 「-てくる」(-해 오다), 「-ていく」(-해 가다), 「-ておく」(-해 두다), 「-てしまう」(-해 버리다) 등과 같은 종류가 있다.

예 本(ほん)を読(よ)んでいる。

(책을 읽고 있다.)

本(ほん)が置(お)いてある。

(책이 놓여져 있다.)

日(ひ)が沈(しず)んできた。

(해가 저물었다.)

子供(こども)はだんだん大(おお)きくなっていった。

(아이는 점점 성장해 갔다.)

本(ほん)を机(つくえ)の上(うえ)に置(お)いておいた。

(책을 책상 위에 놓아 두었다.)

大事(だいじ)な会議(かいぎ)があるのに、遅刻(ちこく)してしまった。

(중요한 회의가 있는데 지각해 버렸다.)

8. 수수동사

수수동사라는 것은 사물의 수수(授受)를 나타내는 동사이다. 「くれる」((나에게)주다), 「くださる」(주시다), 「やる」((내가)주다), 「あげる」((내가)주다), 「さしあげる」(드리다), 「もらう」(받다), 「いただく」(받다) 등과 같은 종류가 있다.

예 妹が本をくれました。

(여동생이 (나에게) 책을 주었습니다.)

先生が辞書をくださいました。

(선생님이 사전을 주셨습니다.)

花に水をやりました。

((내가) 꽃에 물을 주었습니다.)

友だちにお菓子をあげました。

((내가) 친구에게 과자를 주었습니다.)

先生に韓国のお菓子をさしあげました。

(선생님께 한국 과자를 드렸습니다.)

彼にプレゼントをもらいました。

(그에게 선물을 받았습니다.)

鈴木先生に日本のお菓子をいただきました。

(스즈키 선생님에게 일본 과자를 받았습니다.)

※ 수수동사에는 「-てくれる」((상대방이)해 주다), 「-てくださる」((상대방이)해 주시다), 「-てやる」((내가)-해 주다), 「-てあげる」((내가)-해 주다), 「-てさしあげる」((내가)-해 드리다), 「-てもらう」(-해 받다), 「-ていただく」(-해 받다)와 같이 형식동사(보조동사)인 「-て」를 동반한 용법도 있다. 이에 대해서는 part III 보이스에서 다루기로 한다.

9. 복합동사

복합동사란 두 개 이상의 동사가 결합하여 만들어진 동사로 다음과 같은 종류가 있다.

① 동사의 연용형 + 동사

예 書き取る(쓰다), 考えつく(생각하다) 등

② 명사 + 동사

예 勉強する(공부하다), 心得る(알다, 이해하다),
巣立つ(보금자리를 떠나다) 등

※「する」(하다)는 「散歩」(산책), 「運転」(운전), 「パス」(통과) 등과 같이 동작성을 띠는 한자어 명사나 외래어 뒤에 접속하여 「散歩する」(산책한다), 「運転する」(운전하다), 「パスする」(통과하다) 등과 같이 동사를 만든다.

③ 형용사의 어간 + 동사

예 近寄る(접근하다), 遠退く(멀어지다),
高鳴る(울려퍼지다) 등

④ 명사 + 접미어

예 学者(がくしゃ)ぶる(학자인 체하다), 春(はる)めく(봄다워지다),
汗(あせ)じみる(땀이 배다) 등

⑤ 형용사의 어간 + 접미어

예 強(つよ)がる(강한체 하다) 등

⑥ 접두어 + 동사

예 たなびく(구름이나 안개 따위가 가로로 길게 뻗치다) 등

문제

日本語

1. 다음 동사를 활용시켜 ( )안에 넣으시오.

① 彼は靴も(ぬぐ)ないで、部屋に入った。
(그는 신발도 벗지 않고 방에 들어왔다.)

② 昨日偶然山田さんに(会う)た。
(어제 우연히 야마다 씨를 만났다.)

③ 彼は毎日犬の散歩を(する)せる。
(그는 매일 개 산책을 시킨다.)

④ 明日田中先生が(いらっしゃる)ます。
(내일 다나카 선생님이 오십니다.)

⑤ 木村先生がそう(おっしゃる)っています。
(기무라 선생님이 그렇게 말씀하십니다.)

2. 다음 동사의 활용형 명칭을 쓰시오.

① 明日、晴れれば、遊びに行きましょう。
(내일 날씨가 좋으면 놀러 갑시다.)

② 彼(かれ)とは<u>会(あ)わ</u>ないつもりです。

(그와는 만나지 않을 생각입니다.)

③ 寒(さむ)いから、早(はや)く<u>帰(かえ)ろ</u>う。

(추우니까 빨리 돌아가야겠다.)

④ 早(はや)く<u>言(い)え</u>！

(빨리 말해!)

⑤ 彼女(かのじょ)は行(い)きたいと<u>言(い)っ</u>た。

(그녀는 가겠다고 했다.)

3. 다음 복합동사가 어떻게 구성되었는지 분석하시오.

① 考(かんが)え込(こ)む。

(깊이 생각하다.)

② 寒(さむ)がる。

(추워하다.)

③ 時(とき)めく。

(들날리다, 주름잡다.)

④ 汗(あせ)じみる。
(땀이 배다.)

⑤ 遠退(とおの)く
(멀어지다.)

4. 다음 동사를 자동사의 타동사로 구별하고 이에 대응하는 자동사, 타동사를 쓰시오.

① 開(あ)ける　(　　　　　　)(　　　　　　)
(열다)

② 出(で)る　(　　　　　　)(　　　　　　)
(나오다)

③ 並(なら)ぶ　(　　　　　　)(　　　　　　)
(늘어서다)

④ 集(あつ)まる　(　　　　　　)(　　　　　　)
(모이다)

⑤ 消(き)える　(　　　　　　)(　　　　　　)
(사라지다)

Chapter 8

형용사

1. 형용사의 특성

사물의 성질이나 상태, 모양 등을 나타내는 자립어로 활용이 있다.

2. 형용사의 분류

2.1 속성형용사

사람이나 사물의 속성(특성, 성질)을 나타낸다. 속성형용사에는 「若い」(젊다), 「明るい」(밝다), 「少ない」(적다) 등이 있다.

예 あの人は若い。
(저 사람은 젊다.)

この部屋は明るい。
(이 방은 밝다.)

2.2 감정형용사

사람의 감정, 감각을 나타낸다. 평서문에서 감정형용사가 술어로 쓰이는 경우는 보통 화자의 감정을 나타내며 의문문에서는 상대방의 감정을 나타내는데, 3인칭 주체의 감정을 나타내는 경우에는 「-がる」를 붙여서 동사화한다. 감정형용사에는 「痛(いた)い」(아프다), 「悲(かな)しい」(슬프다), 「嬉(うれ)しい」(기쁘다) 등이 있다.

예 私(わたし)は嬉(うれ)しい。 〈평서문〉
(나는 기쁘다.)

あなたは嬉(うれ)しいですか。 〈의문문〉
(당신은 기쁩니까?)

○ あの人(ひと)は悲(かな)しがっています。 〈3인칭 주체〉
(저 사람은 슬퍼하고 있습니다.)

× あの人(ひと)は悲(かな)しい。
(저 사람은 슬프다.)

3. 형용사의 활용

형용사도 동사와 같이 사용법에 따라 다음과 같이 어형이 변화한다.

예 それはよかろう。
(그것은 좋을 것 같다.)

昨日(きのう)は天気(てんき)が大変(たいへん)よかった。
(어제는 날씨가 매우 좋았다.)

天気(てんき)がだんだんよくなる。
(날씨가 점점 좋아진다.)

여기에서 「よ」와 같이 변화하지 않는 부분을 어간이라고 하고, 「かろ」「かっ」「く」와 같이 변화하는 부분을 활용어미, 또는 어미라고 한다.

4. 형용사의 활용형의 용법

형용사의 활용형은 동사와 유사한데 동사와 달리 명령형이 존재하지 않는 것이 특징이다.

① 미연형

조동사 「う」에 접속되어 추량의 의미를 나타낸다. 그러나 일반적으로 형용사의 추량표현은 종지형에 「だろう」가 붙어 사용된다.

예 明日(あした)はたぶん天気(てんき)がよかろう。
(내일은 아마 날씨가 좋을 것이다.)

② 연용형

・조동사 「ない」「た」, 동사 「なる」에 접속된다.

예 今年(ことし)はあまり暑(あつ)くない。
(올해는 그다지 덥지 않다.)

昨日(きのう)はとても暑(あつ)かった。
(어제는 매우 더웠다.)

これから暑(あつ)くなると思(おも)います。
(이제부터 더워질 거라고 생각합니다.)

・「く」의 형태로 문을 연결하는 역할을 하며, 명사적 역할도 한다.

예 彼女(かのじょ)は顔(かお)も美(うつく)しく、性格(せいかく)もよい。

(그녀는 얼굴도 아름답고, 성격도 좋다.)

近(ちか)くに公園(こうえん)があります。

(근처에 공원이 있습니다.)

③ 종지형

・문을 종지한다.

예 今日(きょう)は暑(あつ)い。

(오늘은 덥다.)

・조동사「そうだ」, 조사「けれども」「が」등에 연결된다.

예 外(そと)は寒(さむ)いそうだ。

(밖은 춥다고 한다.)

顔(かお)はいいけれども、性格(せいかく)が悪(わる)い。

(얼굴은 괜찮은데 성격이 나쁘다.)

④ 연체형

・체언에 접속된다.

예 暑(あつ)いときは、海(うみ)に行(い)くことにしている。

(더울 때는 바다에 가기로 하고 있다.)

・조사「の・ので・のに」, 조동사「ようだ」등에 연결된다.

예 いいのがあるので、来(き)てください。
(좋은 것이 있으니 와 주세요.)

おいしいのに、誰(だれ)も食(た)べてくれない。
(맛있는데 아무도 먹지 않는다.)

⑤ 가정형

「ば」에 연결된다.

예 暑(あつ)ければ、このボタンを押(お)してください。
(더우면, 이 버튼을 눌러 주세요.)

⑥ 명령형

형용사의 명령형은 없다.

〈형용사의 활용표〉

기본형	어간	미연형	연용형	종지형	연체형	가정형	명령형
暑(あつ)い	あつ	あつ かろ	あつく あつかっ	あつい	あつい	あつ けれ	×
주요 용법		う에 연결	ない, なる, た에 연결	종지	とき (체언) 에 연결	ば에 연결	×

5. 형용사의 어간의 용법

형용사의 어간은 다음과 같이 여러 가지 용법이 존재한다.

① 어간만으로 한 문절과 같이 사용할 수가 있다.

예 あ、いた(痛)!
(아, 아파!)

あ、さむ(寒)!
(아, 추워!)

② 접미어 「さ」「み」를 접속시켜 명사를 만들 수가 있다.

예 高さ(높이), 寒さ(추위), 美しさ(아름다움), 深み(깊이) 등

※ 어미 「い」 앞이 「し」가 아닌 경우, 접미어 「け」가 붙어 명사가 되는 경우도 있다.

예 寒け(오한), 眠け(졸음) 등

③ 다른 단어와 결합하거나 어간이 반복되어 복합어를 만든다.

예 安売り(싸게 팜), 近々(머지않아, 일간) 등

④ 양태를 나타내는 조동사 「そうだ」에 연결된다.

예 暑そうだ(더운 것 같다), 眠そうだ(졸린 것 같다) 등

6. 형용사의 「ゥ」음편

형용사에 「ございます」「存(ぞん)じます」가 접속되는 경우 「ク」가 「ウ」로 바뀌는 현상을 형용사의 「ウ」음편이라고 한다. 형용사는 다음과 같이 4가지 음편이 일어난다.

① 「イ」 앞이 「ア」단인 경우 「ア」단이 「オ」단으로 바뀌고 「ウ」가 붙는다.

「ア」단 → 「オ」단 + 「ウ」

예 ありがたい ＋ ございます

→ありがたく＋ございます

→ありがとうございます。

(감사합니다.)

② 「イ」 앞이 「イ」단인 경우 「イ」단에 「ゅ」가 첨가된 후 「ウ」가 붙는다.

「イ」단 + 「ゅ」 + 「ウ」

예 よろしい ＋ ございます

→よろしく＋ございます

→よろしゅうございます。

(좋습니다.)

③「イ」앞이「ヤ」인 경우「ヤ」가「ヨ」로 바뀌고「ウ」가 붙는다.

「ヤ」→「ヨ」+「ウ」

예 はやい＋ございます

→ はやく＋ございます

→ はようございます。

(빠릅니다.)

④ 그 외의 형용사의 음편은 어미「イ」가「ウ」로 바뀐다.

「く」→「ウ」

예 あつい＋ございます

→ あつく＋ございます

→ あつうございます。

(덥습니다.)

つよい＋ございます

→ つよく＋ございます

→ つようございます。

(강합니다.)

※ ①②③은 어간의 일부가 변한 것이고, ④는 어간이 변화하지 않는다.

7. 복합형용사

복합형용사는 다음과 같이 구성된다.

① 명사 + 형용사

예 名高(なだか)い(이름 높다, 명성 있다),
息苦(いきぐる)しい(숨막히다, 답답하다) 등

② 동사의 연용형 + 형용사

예 むし暑(あつ)い(후덥지근하다), 見苦(みぐる)しい(보기 흉하다) 등

③ 형용사의 어간 + 형용사

예 古(ふる)くさい(아주 낡다), 細長(ほそなが)い(홀쭉하다) 등

④ 명사 + 형용사화 접미어

예 男(おとこ)らしい(남자답다), 大人(おとな)しい(온순하다, 얌전하다),
おこがましい(우스꽝스럽다) 등

⑤ 접두어 + 형용사

예 小高(こだか)い(좀 높다, 약간 높다), か細(ぼそ)い(가냘프다, 연약하다) 등

⑥ 동사의 미연형 + 형용사화 접미어

예 なまめかしい(품위 있고 아름답다),

輝(かがや)かしい(빛나다, 훌륭하다) 등

⑦ 형용사의 어간 + 동일 형용사의 어간 + 형용사화 접미어

예 弱々(よわよわ)しい(허약하다, 가냘프다),

重々(おもおも)しい(엄숙하고 무게가 있다, 정중하다) 등

형용사의 연체용법의 예외

형용사가 명사를 수식할 경우 어떤 형태로 수식할까?

형용사는 일반적으로 기본형으로 명사를 수식하지만 「遠(とお)い」(멀다), 「近(ちか)い」(가깝다), 「多(おお)い」(많다), 「少(すく)ない」(적다)와 같이 예외적인 경우가 있다.

예 ×近(ちか)い図書館(としょかん)で勉強(べんきょう)する。

○近(ちか)くの図書館(としょかん)で勉強(べんきょう)する。

(근처 도서관에서 공부한다.)

×多(おお)い人(ひと)が参加(さんか)した。

○多(おお)くの人(ひと)が参加(さんか)した。

(많은 사람이 참가했다.)

하지만, 다음 예와 같이 명사수식절의 술어로 쓰이는 경우 기본형의 형태로 명사를 수식할 수 있다.

예 家(いえ)の近(ちか)い人(ひと)

(집이 가까운 사람)

友(とも)だちの多(おお)いキムさん

(친구가 많은 김○○씨)

문제

1. 다음 중 형용사의 음편이 잘못된 것을 골라 바르게 고치시오.

① おはようございます。
(안녕하세요.)

② ありがとうございます。
(감사합니다.)

③ あつうございます。
(덥습니다.)

④ おめでとうございます。
(축하합니다.)

⑤ うれしうございます。
(기쁩니다.)

2. 다음 형용사를 적당히 활용시켜 넣으시오.

① 彼女(かのじょ)は昔(むかし)、とても(美(うつく)しい)た。
(그녀는 예전에 매우 아름다웠다.)

② (安い)ば、買います。
(싸다면 사겠습니다.)

③ これから(暑い)なるだろう。
(지금부터 더워질 것이다.)

④ 彼は(おもしろい)人だ。
(그는 재미있는 사람이다.)

⑤ 彼に会うとしても、ちっとも(嬉しい)ない。
(그를 만난다고 하더라도 조금도 기쁘지 않다.)

3. 다음 복합형용사가 어떻게 구성되었는지 분석하시오.

① おこがましい。
(우스꽝스럽다.)

② 軽々しい。
(경솔하다, 경망스럽다.)

③ か弱い。
(연약하다, 가냘프다.)

④ しおからい。
(짜다.)

⑤ 蒸(む)し暑(あつ)い。
(후덥지근하다.)

⑥ 薄暗(うすぐら)い。
(침침하다.)

⑦ 名高(なだか)い。
(이름 높다.)

⑧ 見苦(みぐる)しい。
(보기 흉하다.)

⑨ なまめかしい。
(요염하다.)

⑩ 狭苦(せまくる)しい。
(너무 좁다.)

4. 다음 형용사의 활용형 명칭을 쓰시오.

① これはとても珍(めずら)しいものですね。
(이것은 매우 진귀한 물건이네요.)

② 今年(ことし)の冬(ふゆ)はとても寒(さむ)くなるそうだ。
(올해 겨울은 매우 추워질 거라고 한다.)

③ もう少(すこ)し背(せ)が高(たか)ければよかったのに。
(좀 더 키가 컸으면 좋았을 텐데.)

④ 彼(かれ)はとても性格(せいかく)がいい。
(그는 정말 성격이 좋다.)

⑤ 今年(ことし)の冬(ふゆ)は寒(さむ)かろう。
(올해 겨울은 추울 것이다.)

Chapter 9

형용동사

1. 형용동사의 특성

사물의 성질, 상태를 나타내는 자립어로 그 자체만으로 술어가 될 수 있고 활용이 있다.

2. 형용동사의 활용

형용동사는 그 사용법에 따라 어형이 변화한다.

예 あそこは静(しず)かだろう。
(저기는 조용할 것이다.)

あそこは静(しず)かでない。
(저기는 조용하지 않다.)

あそこは静(しず)かになるだろう。
(저기는 조용해질 것이다.)

여기에서 「静か」와 같이 변화하지 않는 부분을 어간이라고 하며, 「だろ」「で」「に」와 같이 변화하는 부분을 활용어미라 한다.

3. 형용동사 활용형의 용법

형용동사의 활용형도 형용사의 활용형과 같이 명령형이 존재하지 않는다.

① 미연형

조동사 「う」에 접속되어 추량의 의미를 나타낸다.

예 図書館は静かだろう。
(도서관은 조용할 것이다.)

② 연용형

・조동사 「ない」「た」, 동사 「なる」에 접속된다.

예 彼女は彼のことが好きでないと思う。
(그녀는 그를 좋아하지 않는다고 생각해.)

図書館はとても静かだった。
(도서관은 매우 조용했다.)

ここはもうすぐ静かになると思います。
(여기는 이제 곧 조용해질 거라고 생각합니다.)

・「で」의 형태로 문을 접속하는 역할을 한다.

예 彼はまじめで、静かな人です。
(그는 성실하고, 조용한 사람입니다.)

③ 종지형

・문을 종지한다.

예 彼女はとてもきれいだ。
(그녀는 매우 예쁘다.)

・조동사 「そうだ」, 조사 「けれども」「が」 등에 연결된다.

예 外は静かだそうだ。
(밖은 조용하다고 한다.)

顔はきれいだけれども、性格が悪い。
(얼굴은 예쁘지만 성격이 나쁘다.)

④ 연체형

・체언에 접속된다.

예 さわやかな風(かぜ)が入(はい)ってきた。
(상쾌한 바람이 들어왔다.)

・조사 「の・ので・のに」, 조동사 「ようだ」 등에 연결된다.

예 パソコンは便利(べんり)なので、みんな使(つか)っている。
(PC는 편리하므로 모두 사용하고 있다.)

歌(うた)が上手(じょうず)なのに、全然(ぜんぜん)歌(うた)わない。
(노래를 잘하는데 전혀 부르지 않는다.)

彼女(かのじょ)は純粋(じゅんすい)なようだ。
(그녀는 순수한 것 같다.)

⑤ 가정형

「ば」에 연결된다.

예 彼女(かのじょ)のことが好(す)きならば、告白(こくはく)しなさい。
(그녀가 좋으면 고백하세요.)

⑥ 명령형

형용사의 명령형은 없다.

〈형용동사의 활용표〉

기본형	어간	미연형	연용형	종지형	연체형	가정형	명령형
静(しず)かだ	しずか	しずかだろ	しずかで しずかだっ しずかに	しずかだ	しずかな	しずかなら	×
주요 용법		う에 연결	ない, た, なる에 연결	종지	とき(체언)에 연결	ば에 연결	×

4. 형용동사 어간의 용법

형용동사의 어간은 다음과 같이 여러 가지 용법이 존재한다.

① 어간만으로 한 문절과 같이 사용할 수가 있다.

예 ああ、とても<u>きれい</u>！

(아아, 너무 예뻐!)

まあ、<u>すてき</u>！

(어머, 멋있어!)

② 접미어 「さ」를 접속시켜 명사를 만들 수가 있다.

예 静(しず)かさ(조용함), のどかさ(한가함) 등

③ 양태를 나타내는 조동사 「そうだ」, 추량을 나타내는 조동사 「らしい」에 연결된다.

예 この機械(きかい)はとても便利(べんり)そうだ。
(이 기계는 매우 편리할 것 같다.)

この図書館(としょかん)はとても静(しず)かそうだ。
(이 도서관은 매우 조용할 것 같다.)

5. 특수 형용동사

형용동사 중에 「同じだ」(같다), 「こんなだ」(이렇다), 「そんなだ」(그렇다), 「あんなだ」(저렇다), 「どんなだ」(어떻다)는 다음과 같이 특수하게 활용한다.

〈특수한 활용을 하는 형용동사〉

기본형	어간	미연형	연용형	종지형	연체형	가정형	명령형
同(おな)じだ	おなじ	おなじだろ	おなじで おなじだっ おなじに	おなじだ	おなじ	おなじなら	×
こんなだ	こんな	こんなだろ	こんなで こんなだっ こんなに	こんなだ	こんな	こんなら	×
주요 용법		う에 연결	ない, た, なる에 연결	종지	とき(체언)에 연결	ば에 연결	×

6. 복합형용동사

복합형용동사는 다음과 같이 구성된다.

① 접두어가 붙은 것

예 お静かだ(조용하시다), こ綺麗だ(말쑥하다) 등

② 형용사의 어간 + 접미어 + 조동사

예 悲しげだ(슬픈 듯하다), 苦しげだ(괴로운 듯하다) 등

③ 명사 + 접미어 + 조동사

예 経済的だ(경제적이다), 印象的だ(인상적이다) 등

④ 명사 + 형용사의 어간 + 조동사

예 手狭だ(비좁다), 気長だ(느긋하다) 등

※ 명사(외래어)와 조동사가 결합하여 형용동사를 만들기도 한다.
(cf. 명사와 어간을 공유하는 형용동사)

예 ハンサムだ(잘생기다) 등

형용동사는 형용사인가, 동사인가?

형용동사는 원래 형용사적 성질을 가진 명사에, 고어의 단정을 나타내는 조동사 「なり」「たり」(현대어의 「だ」)가 접속되어 만들어진 단어이다. 여기에서 조동사의 동사를 따서 형용동사라는 용어가 생기게 되는데 기능적으로는 형용사에 가깝기 때문에 일본어교육문법에서는 「な형용사」라 하여 형용사의 일종으로 취급하고 있다.

문제

日本語

1. 다음 형용동사를 적당히 활용시켜 ( )안을 채우시오.

① このパソコンは(便利(べんり)だ)う。
(이 PC는 편리할 것이다.)

② (きれいだ)ば会(あ)ってみます。
(예쁘면 만나 보겠습니다.)

③ その図書館(としょかん)はとても(静(しず)かだ)た。
(그 도서관은 정말 조용했다.)

④ この部屋(へや)はとても(きれいだ)。
(이 방은 매우 깨끗하다.)

⑤ 彼(かれ)はとても(まじめだ)人(ひと)です。
(그는 매우 성실한 사람입니다.)

2. 다음 복합형용동사가 어떻게 구성되었는지 분석하시오.

① 寂(さび)しげだ。
(슬픈 듯하다.)

② 気短(きみじか)だ。
(성격이 급하다.)

③ 積極的(せっきょくてき)だ。
(적극적이다.)

④ ご多忙(たぼう)だ。
(바쁘시다.)

⑤ ハンサムだ。
(잘생기다.)

3. 다음 형용동사의 활용형 명칭을 쓰시오.

① <u>いやなら</u>、やめよう。
(싫으면 그만두자.)

② 大学(だいがく)の図書館(としょかん)はとても<u>静(しず)かだっ</u>た。
(대학교 도서관은 정말 조용했다.)

③ 近くにスーパーがあるから、買い物するのに便利だろう。
(근처에 슈퍼마켓이 있어서 쇼핑하는데 편리할 것이다.)

④ 田中さんはとても親切な人です。
(다나카 씨는 정말 친절한 사람입니다.)

⑤ 彼女はきれいになりたいと思った。
(그녀는 예뻐지고 싶었다.)

Chapter 10

조동사

1. 조동사의 특성

주로 용언 등의 자립어에 붙어, 여러 가지 의미를 첨가하는 부속어로 활용이 있다. 다른 조동사와 조사에 붙어 서술의 기능을 부여하는 경우도 있다. 조동사를 생각할 때 중요한 점은 조동사가 활용어(동사, 형용사, 형용동사)의 어떠한 활용형(미연형, 연용형 등)에 접속하는지와 조동사 그 자체가 어떻게 활용하는지이다.

2. 조동사의 종류

2.1 활용에 따른 분류

① 동사형 활용 : れる·られる, せる·させる, たがる

② 형용사형 활용 : たい, ない, らしい

③ 형용동사형 활용 : ようだ, そうだ, だ, みたいだ

④ 특수형 활용 : ぬ(ん), ます, です

⑤ 무활용 : う, よう, まい

2.2 접속에 따른 분류

① 미연형에 붙는 것 : れる·られる, せる·させる, ない, ぬ(ん), う(오단동사)·よう(오단동사 이외), まい(오단동사 이외)

② 연용형에 붙는 것 : た, たい, たがる, ます, そうだ(양태)

③ 종지형에 붙는 것 : そうだ(전문), らしい, まい(오단동사)

④ 연체형에 붙는 것 : ようだ

⑤ 체언에 붙는 것 : だ, です, らしい, みたいだ

⑥ 조사에 붙는 것 : だ, です, ようだ

2.3 의미에 따른 분류

① 수동 : れる·られる

② 가능, 자발, 존경 : れる·られる

③ 사역 : せる·させる

④ 부정 : ない, ぬ(ん)

⑤ 과거, 완료 : た(だ)

⑥ 추량, 의지, 권유 : う·よう, らしい, まい

⑦ 희망 : たい, たがる

⑧ 정중(丁寧) : ます

⑨ 단정 : だ(です)

⑩ 비유 : ようだ, みたいだ

⑪ 전문 : そうだ

⑫ 양태 : そうだ

3. 수동의 조동사 「れる」「られる」

「れる」「られる」는 다음과 같이 동사의 미연형에 붙어 외부로부터의 동작을 받는다는 의미를 나타낸다. 이러한 조동사를 수동의 조동사라고 한다. 「れる」는 오단동사에, 「られる」는 일단동사에 붙으며 변격동사는 각각 「来(こ)られる」「される」이다.

예 彼に叩かれた。

(그에게 맞았다.)

妹にお菓子を食べられた。

(여동생이 과자를 먹었다.)

母に遊んでいるところを見られた。

(엄마에게 놀고 있는 현장을 들켰다.)

山田さんは会社の人から批判されていた。

(야마다 씨는 회사 사람들에게 비판받고 있었다.)

忙しいとき、友だちに遊びに来られた。

(바쁠 때 친구가 놀러 왔다.)

〈수동의 조동사 「れる」「られる」의 활용〉-하일단동사형 활용

	미연형	연용형	종지형	연체형	가정형	명령형
れる	れ	れ	れる	れる	れれ	れろ れよ
られる	られ	られ	られる	られる	られれ	られろ られよ
주요 용법	ない에 연결	た, て, ます 등에 연결	종지	とき(체언)에 연결	ば에 연결	명령

※「れる」「られる」는 형용사, 형용동사에는 접속되지 않는다.

4. 가능, 자발, 존경의 조동사 「れる」「られる」

또한 「れる」「られる」는 동사의 미연형에 붙어, 가능, 자발, 존경의 의미를 나타낸다. 이 경우도 「れる」는 오단동사에, 「られる」는 일단동사에 붙는다. 변격동사는 각각 「来(こ)られる」「される」이다.

4.1 가능의 조동사 「れる」「られる」

「れる」「られる」는 다음과 같이 동사의 미연형에 붙어, 그 동작을 할 수 있다는 가능의 의미를 나타낸다.

예 そんなやさしい漢字(かんじ)はすぐ覚(おぼ)えられる。
(그런 쉬운 한자는 곧 외울 수 있다.)

明日(あした)、来(こ)られれば来(き)てください。
(내일 올 수 있으면 와 주세요.)

4.2 자발의 조동사 「れる」「られる」

「れる」「られる」는 그 동작이 자연적으로 일어났다는 의미를 나타낸다. 이 경우에도 「れる」「られる」는 동사의 미연형에 접속된다. 그러나 자발의 의미를 나타내는 「れる」「られる」는 모든 동사에 붙지 않고, 「思(おも)う」(생각하다), 「思(おも)い出(だ)す」(생각해 내다), 「偲(しの)ぶ」(그리워하다), 「感(かん)じる」(느끼다), 「案(あん)じる」(생각하다) 등

사고, 심정을 나타내는 동사에 한정되어 붙는다.

예 彼女(かのじょ)のことが思(おも)われてしかたがない。
(그녀가 생각나서 견딜 수 없다.)

国(くに)のことが偲(しの)ばれて寂(さび)しい。
(고향이 그리워서 쓸쓸하다.)

4.3 존경의 조동사 「れる」「られる」

이 외에도 「れる」「られる」는 그 동작을 행하는 사람을 존경하는 의미를 나타내는 경우도 있다. 이 경우도 「れる」「られる」는 동사의 미연형에 접속된다.

예 山田(やまだ)さんも行(い)かれるそうです。
(야마다 씨도 가신다고 합니다.)

今(いま)、話(はな)されている方(かた)が田中先生(たなかせんせい)です。
(지금 말씀하시는 분이 다나카 선생님입니다.)

〈가능, 자발, 존경의 조동사 「**れる**」「**られる**」의 활용〉

–하일단동사형 활용

	미연형	연용형	종지형	연체형	가정형	명령형
れる	れ	れ	れる	れる	れれ	(れよ)
られる	られ	られ	られる	られる	られれ	(られよ)
주요 용법	ない에 연결	た, て, ます에 연결	종지	とき(체언)에 연결	ば에 연결	명령

※ 가능, 자발의 조동사는 명령형이 없지만 존경의 조동사로서의 「れる」「られる」는 명령형이 존재한다. 그러나 용례는 그리 많지 않다.

5. 사역의 조동사 「せる」「させる」

「せる」「させる」는 사역의 조동사로서 다음 예와 같이 동사의 미연형에 붙어 동작이나 작용을 다른 사람에게 시키는 경우를 나타낸다. 「せる」는 오단동사에, 「させる」는 일단동사에 붙으며 변격동사는 각각 「来(こ)させる」「させる」이다.

예 妹(いもうと)に本(ほん)を読(よ)ませる。

(여동생에게 책을 읽게 한다.)

子供(こども)に絵本(えほん)を見(み)させる。

(아이에게 그림책을 보게 한다.)

子供(こども)に野菜(やさい)をたくさん食(た)べさせる。

(아이에게 야채를 많이 먹게 한다.)

弟(おとうと)に部屋(へや)の掃除(そうじ)をさせる。

(남동생에게 방 청소를 시킨다.)

田中(たなか)さんを三時(さんじ)まで来(こ)させる。

(다나카 씨를 3시까지 오게 한다.)

〈사역의 조동사 「せる」「させる」의 활용〉-하일단동사형 활용

	미연형	연용형	종지형	연체형	가정형	명령형
せる	せ	せ	せる	せる	せれ	せろ せよ
させる	させ	させ	させる	させる	させれ	させろ させよ
주요 용법	ない에 연결	た, て, ます에 연결	종지	とき(체언) 에 연결	ば에 연결	명령

6. 부정의 조동사 「ない」「ぬ」

「ない」「ぬ」는 다음과 같이 동사의 미연형에 붙어 부정의 의미를 나타낸다. 이때의 「ない」「ぬ」를 부정의 조동사라고 한다.

예 鈴木さんは彼が引っ越したことは知らなかろう。
(스즈키 씨는 그가 이사한 것을 모를 것이다.)

弟は朝ご飯を食べなかった。
(남동생은 아침밥을 먹지 않았다.)

子供が野菜を食べなくて心配です。
(아이가 야채를 먹지 않아서 걱정입니다.)

黒板の字が見えない(ぬ)。
(칠판의 글씨가 보이지 않는다.)

明日は休日だから会社に来ない(ぬ)。
(내일은 휴일이기 때문에 회사에 오지 않는다.)

彼はいつまでも来ない(ぬ)彼女を待っていた。
(그는 언제까지나 오지 않는 그녀를 기다리고 있었다.)

〈부정의 조동사 「ない」「ぬ」의 활용〉

–「ない」형용사형, 「ぬ」특수형 활용

	미연형	연용형	종지형	연체형	가정형	명령형
ない	なかろ	なかっ なく	ない	ない	なけれ	×
ぬ (ん)	×	ず	ぬ (ん)	ぬ (ん)	ね	×
주요 용법	う에 연결	た, て, に에 연결	종지	とき(체언) 에 연결	ば에 연결	×

7. 과거, 완료의 조동사 「た」

「た」는 동사의 연용형에 붙어 과거나 완료의 의미를 나타낸다. 이러한 조동사를 과거, 완료의 조동사라고 한다. 이 과거, 완료의 조동사에 대해서는 partⅢ 텐스와 아스펙트에서 자세히 다루기로 한다.

예 昨日(きのう)、論文(ろんぶん)を書(か)いた。

(어제 논문을 썼다.)

今朝(けさ)、パンを食(た)べた。

(오늘 아침 빵을 먹었다.)

昨日(きのう)、道(みち)ばたで田中(たなか)さんを見(み)た。

(어제 길에서 다나카 씨를 보았다.)

今日、部屋の掃除をした。

(오늘 방청소를 했다.)

先、山田さんが来たよ。

(좀 전에 야마다 씨가 왔어.)

〈과거, 완료의 조동사 「た」의 활용〉-특수형 활용

	미연형	연용형	종지형	연체형	가정형	명령형
た	たろ (だろ)	×	た (だ)	た (だ)	たら (だら)	×
주요 용법	う에 연결	×	종지	とき(체언) 에 연결	ば에 연결	×

8. 추량, 의지, 권유의 조동사 「う・よう」「らしい」「まい」

「う·よう」(추량, 의지, 권유)는 동사의 미연형, 「らしい」(추량)는 동사의 종지형, 「まい」(부정추량, 부정의지)는 동사의 종지형(오단동사) 혹은 미연형(오단동사 이외, 종지형에 붙기도 함)에 붙어서 추량, 의지, 권유의 의미를 나타낸다. 이때의 「う·よう」「らしい」「まい」를 추량, 의지, 권유의 조동사라고 한다. 이들 조동사에 대해서는 partⅢ 모달리티 부분에서 자세히 다루기로 한다.

예 彼(かれ)はきっと来(こ)よう。

(그는 틀림없이 올 것이다.)

友(とも)だちにあげよう。

(문말↓−친구에게 줘야지.) 〈의지〉

(문말↑−친구에게 주자.) 〈권유〉

佐藤(さとう)さんは引(ひ)っ越(こ)したらしい。

(사토 씨는 이사한 것 같다.)

彼女(かのじょ)とは二度(にど)と会(あ)うまい。

(그녀와는 두 번 다시 만나지 않을 것이다.)

〈추량, 의지, 권유의 조동사 「う」「よう」「らしい」「まい」의 활용〉
−「らしい」형용사형 활용, 그 외 무활용

	미연형	연용형	종지형	연체형	가정형	명령형
う	×	×	う	(う)	×	×
よう	×	×	よう	(よう)	×	×
らしい	×	らしかっ らしく	らしい	らしい	×	×
まい	×	×	まい	(まい)	×	×
주요 용법	×	た, て에 연결	종지	とき(체언) 에 연결	×	×

9. 희망의 조동사 「たい」「たがる」

「たい」「たがる」는 희망을 나타내는 조동사로 동사의 연용형에 붙으며, 「たい」는 1인칭・2인칭, 「たがる」는 3인칭 주어에 접속된다.

예 1인칭 주어

私(わたし)も東京(とうきょう)へ行(い)きたかった。

(나도 도쿄에 가고 싶었다.)

家族(かぞく)に会(あ)いたくてしょうがない。

(가족을 만나고 싶어서 견딜 수가 없다.)

海(うみ)が見(み)たい。

(바다를 보고 싶다.)

2인칭 주어

あなたは絵(え)が好(す)きだから、見(み)たかろう。

(당신은 그림을 좋아하기때문에 보고 싶을 것이다.)

飲(の)みたいときは、誘(さそ)ってください。

(술 마시고 싶을 때는 불러 주세요.)

あなたも行(い)きたければ、行(い)ってもいいよ。

(당신도 가고 싶으면 가도 좋아요.)

3인칭 주어

彼女(かのじょ)もアメリカに行(い)きたがっていました。

(그녀도 미국에 가고 싶어했습니다.)

山田(やまだ)さんがあなたに会(あ)いたがっています。

(야마다 씨가 당신을 만나고 싶어합니다.)

〈희망의 조동사 「たい」의 활용〉 - 형용사형 활용

	미연형	연용형	종지형	연체형	가정형	명령형
たい	たかろ	たかっ たく	たい	たい	たけれ	×
주요 용법	う	た, て에 연결	종지	とき(체언)에 연결	ば에 연결	×

〈희망의 조동사 「たがる」의 활용〉 - 오단동사형 활용

	미연형	연용형	종지형	연체형	가정형	명령형
たがる	たがら たがろ	たがっ たがり	たがる	たがる	たがれ	×
주요 용법	ない, う에 연결	た, て, ます에 연결	종지	とき(체언)에 연결	ば에 연결	×

10. 공손의 조동사 「ます」

「ます」는 동사의 연용형에 붙어 상대에게 공손히 말하기 위해 사용하는 조동사이다. 이러한 조동사를 공손의 조동사라고 한다.

예 私は行きません。
(저는 가지 않겠습니다.)

飲みに行きましょう。
(술 마시러 갑시다.)

昨日、大掃除をしました。
(어제 대청소를 했습니다.)

母も演奏会に来ます。
(어머니도 연주회에 올 것입니다.)

私も行きますので、あなたも来てください。
(저도 갈 테니 당신도 와 주세요.)

そこに届けますれば、いいのですか。
(거기에 배달하면 됩니까?)

いらっしゃいませ。
(어서 오세요.)

〈공손의 조동사 「ます」의 활용〉-특수형 활용

	미연형	연용형	종지형	연체형	가정형	명령형
ます	ましょ ませ	まし	ます	ます	ますれ	ませ まし
주요 용법	う ん(ぬ)	た, て에 연결	종지	とき(체언) 에 연결	ば에 연결	명령

11. 단정의 조동사 「だ」「です」

「だ」「です」는 체언이나 부사, 조사 등에 붙어 단정의 의미를 나타내는 조동사이다.

예 それは草(くさ)だろう(でしょう)。
(그것은 풀일 것이다(것입니다).)

昨日(きのう)は休(やす)みだった(でした)。
(어제는 휴일이었다(이었습니다).)

あの人(ひと)は高橋(たかはし)さんだ(です)。
(저 사람은 다카하시 씨이다(입니다).)

あなたならば、できます。
(당신이라면 할 수 있습니다.)

〈단정의 조동사 「だ」「です」의 활용〉
–「だ」 형용동사형 활용, 「です」 특수형 활용

	미연형	연용형	종지형	연체형	가정형	명령형
だ	だろ	だっ で	だ	(な)	なら	×
です	でしょ	でし	です	(です)	×	×
주요 용법	う에 연결	た, て에 연결	종지	とき(체언)에 연결	ば에 연결	×

12. 비유의 조동사 「ようだ」「みたいだ」

「ようだ(ようです)」「みたいだ(みたいです)」는 비유의 조동사로 동사의 연체형에 접속되어 다른 것에 빗대어 말하는 경우에 사용된다.

예 まるで夢(ゆめ)のようだろう(ようでしょう)。
(마치 꿈같을 것이다(것입니다).)

川(かわ)が流(なが)れるようだった(ようでした)。
(강이 흐르는 것 같았다(같았습니다).)

まるで実際(じっさい)見(み)ているようだ(ようです)。
(마치 실제 보고 있는 것 같다(같습니다).)

子供のようなまねはもうしないでください。

(아이같은 짓은 더 이상 하지 말아 주세요.)

行けるようなら、行ってください。

(갈 수 있을 것 같으면 가 주세요.)

田中さんは子供みたいでしょう(↑)。

(다나카 씨는 아이 같죠?)

あの彫刻は本当に生きているみたいで、こわい。

(저 조각은 정말 살아 있는 것 같아 무섭다.)

あの海はまるで空みたいだ。

(저 바다는 마치 하늘같다.)

ばかみたいなこと、言うな。

(바보같은 말 하지 마.)

私が母みたいなら、頼っていいですよ。

(내가 엄마같다면 의지해도 좋아요.)

〈비유의 조동사「ようだ(ようです)」「みたいだ(みたいです)」의 활용〉
-「ようだ」「みたいだ」형용동사형 활용,「ようです」「みたいです」
특수형 활용

	미연형	연용형	종지형	연체형	가정형	명령형
ようだ	ようだろ	ようだっ ようで ように	ようだ	ような	ようなら	×
みたいだ	みたいだろ	みたいだっ みたいで みたいに	みたいだ	みたいな	(みたいなら)	×
ようです みたいです	ようでしょ みたいでしょ	ようでし みたいでし	ようです みたいです	ようです みたいです	×	×
주요 용법	う에 연결	た에 연결	종지	とき(체언)에 연결	ば에 연결	×

13. 전문의 조동사「そうだ」

「そうだ(そうです)」는 동사의 종지형, 형용사, 형용동사의 종지형, 명사+「だ」등에 접속하여 다른 사람으로부터 들은 것을 나타내는 표현이다.

예 彼(かれ)は毎朝(まいあさ)パンを食(た)べるそうだ(そうです)。
(그는 매일 아침 빵을 먹는다고 한다(합니다).)

元気(げんき)だそうだ(そうです)。

(건강하다고 한다(합니다).)

明日(あした)、大掃除(おおそうじ)をするそうだ(そうです)。

(내일 대청소를 한다고 한다(합니다).)

〈전문의 조동사 「そうだ(そうです)」의 활용〉- 특수형 활용

	미연형	연용형	종지형	연체형	가정형	명령형
そうだ	×	そうで	そうだ	×	×	×
そうです	×	そうでし	そうです	×	×	×
주요 용법	×	た에 연결	종지	×	×	×

14. 양태의 조동사 「そうだ」

「そうだ(そうです)」는 동사의 연용형, 형용사·형용동사 어간에 접속하여 모습이나 상태에 대해 추정하는 의미를 나타내는 표현이다.

예 彼(かれ)も来(き)そうだった(そうでした)。

(그도 올 것 같았다(같았습니다).)

会議はすぐ終わりそうだ(そうです)。

(회의는 곧 끝날 것 같다(같습니다).)

田中さんはいまにも倒れそうな顔をしています。

(다나카 씨는 지금이라도 쓰러질 것 같은 얼굴을 하고 있습니다.)

行けそうなら、前もって連絡ください。

(갈 수 있을 것 같으면 미리 연락주세요.)

〈양태의 조동사 「そうだ(そうです)」의 활용〉

–「そうだ」 형용동사형 활용, 「そうです」 특수형 활용

	미연형	연용형	종지형	연체형	가정형	명령형
そうだ	そうだろ	そうだっ そうで そうに	そうだ	そうな	そうなら	×
そうです	そうでしょ	そうでし	そうです	(そうです)	×	×
주요 용법	う에 연결	た에 연결	종지	とき(체언) 에 연결	ば에 연결	×

※ 「ない」나 「よい」가 양태의 조동사 「そうだ」에 연결될 때는 「なさそうだ」「よさそうだ」와 같이 「さ」가 붙은 형태로 접속된다.

문제

1. 다음 괄호 안의 동사, 조동사를 적당히 활용시켜 써 넣으시오.

① 弟に本を(読む)(せる)た。
(남동생에게 책을 읽게 했다.)

② 彼とはいっしょに旅行に(行く)(たい)ない。
(그와는 같이 여행하고 싶지 않다.)

③ 雨が(降る)(そうだ)ときは、傘を持って行ってください。
(비가 내릴 것 같을 때는 우산을 가지고 가세요.)

④ 鈴木先生は彼のことは(知る)(ない)う。
(스즈키 선생님은 그를 모를 것이다.)

⑤ そんな食べ物は二度と(食べる)まい。
(그런 음식은 두 번 다시 먹지 않을 것이다.)

2. 다음 조동사의 활용의 종류를 보기에서 고르시오.

① まるで雲(くも)の上(うえ)にいるようだった。
(마치 구름 위에 있는 것 같았다.)

② 納豆(なっとう)は独特(どくとく)なにおいがするので、食(た)べたくなかろう。
(낫토는 독특한 냄새가 나기 때문에 먹고 싶지 않을 것이다.)

③ 妹(いもうと)にお菓子(かし)を食(た)べられて、悔(くや)しい。
(여동생이 과자를 먹어서 분하다.)

④ 彼(かれ)とはもう会(あ)うまい。
(그와는 이제 만나지 않을 것이다.)

⑤ 彼(かれ)も行(い)きたそうでした。
(그도 가고 싶어하는 것 같았습니다.)

동사형 활용 형용사형 활용 형용동사형 활용 특수형 활용 무활용

3. 다음 조동사의 의미를 보기에서 고르시오.

① 彼(かれ)のことが思(おも)われてしょうがない。
(그가 생각나서 견딜 수가 없다.)

② 木村先生(きむらせんせい)が食堂(しょくどう)で食事(しょくじ)をされている。
(기무라 선생님이 식당에서 식사를 하고 계신다.)

③ 私(わたし)は梅干(うめぼ)しが食(た)べられます。
(나는 매실장아찌를 먹을 수 있습니다.)

④ となりの人(ひと)に騒(さわ)がれて、夜(よる)寝(ね)られなかった。
(옆집 사람이 떠들어서 밤에 잠을 잘 수가 없었다.)

⑤ この着物(きもの)はまだ着(き)られる。
(이 기모노는 아직 입을 수 있다.)

수동　존경　자발　가능

4. 다음 조동사의 활용형명을 쓰시오.

① いらっしゃいませ.

(어서 오세요.)

② 田中先生(たなかせんせい)に連絡(れんらく)するそうだ。

(다나카 선생님에게 연락한다고 한다.)

③ 彼(かれ)はコンビニで働(はたら)いているらしかった。

(그는 편의점에서 일하고 있는 것 같았다.)

④ 吉田先生(よしだせんせい)が書(か)いた本(ほん)を読(よ)みました。

(요시다 선생님이 쓴 책을 읽었습니다.)

⑤ 彼(かれ)はたぶん行(い)かなかろう。

(그는 아마 가지 않을 것이다.)

Chapter 11

조사

1. 조사의 특성

주로 자립어에 붙어 문절을 만들고 그 문절과 다음에 오는 문절과의 관계를 나타낸다. 동시에 이 자립어에 일정한 의미를 첨가해 주는 역할을 하기도 하며, 활용이 없다.

2. 조사의 종류

학교문법에서의 조사를 접속과 기능에 따라 분류하면 다음과 같다.

2.1 격조사

명사나 명사에 준하는 단어에 붙어 그 문절과 다른 문절과의 관계를 나타내는 조사이다.

예 「が」「の」「を」「に」「へ」「と」「から」「より」「で」「や」 등

2.2 접속조사

주로 용언 등에 붙어 문절을 만들며 그 문절을 포함한 절과 뒤에 오는 절을 연결시키는 조사이다.

예 「ば」「と」「ても」「も」「けれど」「が」「のに」「ので」「から」「し」「て」「ながら」「たり」 등

2.3 부조사

주로 명사(문과 문절에도 접속)에 붙어 화자의 태도를 나타내는 조사이다.

예 「は」「も」「こそ」「さえ」「でも」「しか」「なり」「まで」「ばかり」「だけ」「きり」「ほど」「くらい」「など」「やら」「だの」「か」 등

2.4 종조사

문과 문절에 붙어 화자의 태도를 나타내는 조사이다.

예 「か」「な(금지)」「な(감동)」「ぞ」「よ」「とも」「さ」「ね」「の」「わ」「や」 등

3. 격조사

격조사는 주로 체언이나 체언에 준하는 단어에 붙어 문절을 만들고 그 문절이 뒤에 오는 문절과 어떠한 관계인지를 나타내는 조사이다. 격조사의 종류에는 「が」「の」「を」「に」「へ」「と」「から」「より」「で」「や」 등이 있다.

3.1 「が」

① 주어를 만든다.

예 花(はな)が咲(さ)く。
(꽃이 핀다.)

② 술어의 대상어를 나타낸다.

예 これがほしい。
(이것을 갖고 싶다.)

3.2 「の」

① 연체수식어를 만든다.

예 来年(らいねん)の春(はる)、入学(にゅうがく)です。
(내년 봄 입학입니다.)

② 주어로 쓰인다.

예 僕の持っている本は、田中先生が書かれたものです。

(내가 가지고 있는 책은 다나카 선생님이 쓰신 것입니다.)

③ 병립을 나타낸다.

예 行くの行かないのと悩んでいる。

(갈지 안 갈지 고민하고 있다.)

④ 체언화(준체조사)하여 쓰인다.

예 読むのが遅い。

(읽는 것이 늦다.)

3.3「を」

① 동작·작용의 대상을 나타낸다.

예 本を読む。

(책을 읽는다.)

② 동작 장소를 나타낸다.

예 廊下(ろうか)を走(はし)る。

(복도를 달린다.)

③ 동작·작용의 기점(출발점)을 나타낸다.

예 図書館(としょかん)を出(で)る。

(도서관을 나간다.)

3.4「に」

① 장소·시간·귀착점을 나타낸다.

예 机(つくえ)に置(お)く。

(책상에 놓는다.)

七時(しちじ)に行(い)ける。

(7시에 갈 수 있다.)

駅(えき)に着(つ)く。

(역에 도착한다.)

② 변화의 결과를 나타낸다.

예 信号(しんごう)が赤(あか)になる。

(신호가 빨간색으로 바뀐다.)

③ 동작의 목적을 나타낸다.

예 買い物に行く。

(쇼핑하러 간다.)

④ 수동·사역의 동작주를 나타낸다.

예 親に叱られる。

(부모에게 꾸중 듣는다.)

子供に勉強させる。

(아이를 공부시킨다.)

⑤ 강조를 나타낸다.

예 走りに走る。

(달리고 또 달린다.)

⑥ 병립을 나타낸다.

예 国語に数学に英語の試験がある。

(국어에, 수학에, 영어 시험이 있다.)

3.5「へ」

① 동작의 방향을 나타낸다.

예 家へ急ぐ。

(집으로 서둘러 간다.)

② 동작의 귀착점을 나타낸다.

예 学校へ着く。

(학교에 도착한다.)

3.6「と」

① 공동의 상대를 나타낸다.

예 母と買い物に出かける。

(엄마와 쇼핑하러 외출한다.)

② 동작이나 작용의 결과를 나타낸다.

예 努力が泡と消える。

(노력이 물거품이 된다.)

③ 인용을 나타낸다.

예 来(く)ると言(い)った。

(온다고 했다.)

行(い)くと思(おも)う。

(간다고 생각한다.)

④ 병립을 나타낸다.

예 本(ほん)とノートをもらう。

(책과 노트를 받는다.)

3.7 「から」

① 동작·작용의 기점(基点)을 나타낸다.

예 兄(あに)から本(ほん)をもらう。

(형에게 책을 받는다.)

見(み)てから寝(ね)る。

(보고나서 잔다.)

② 동작·작용의 원인·이유를 나타낸다.

예 火の不始末から火事になる。

(불의 잘못된 처리로 인해 화재가 일어난다.)

③ 재료를 나타낸다.

예 ワインはぶどうから作る。

(와인은 포도로 만든다.)

3.8「より」

① 비교의 기준을 나타낸다.

예 田中さんより背が高い。

(다나카 씨보다 키가 크다.)

② 한정(비교를 동반)을 나타낸다.

예 練習するよりほかはない。

(연습할 수 밖에 없다.)

3.9「で」

① 장소를 나타낸다.

예 運動場(うんどうじょう)で遊(あそ)ぶ。

(운동장에서 논다.)

② 수단·재료를 나타낸다.

예 電車(でんしゃ)で行(い)く。

(전차로 간다.)

紙(かみ)で人形(にんぎょう)を作(つく)る。

(종이로 인형을 만든다.)

③ 원인·이유를 나타낸다.

예 風邪(かぜ)で学校(がっこう)を休(やす)む。

(감기때문에 학교를 쉰다.)

④ 시한(時限)을 나타낸다.

예 六十才(ろくじゅっさい)で退職(たいしょく)する。

(60살에 퇴직한다.)

3.10 「や」

병립을 나타낸다.

예 電車(でんしゃ)<u>や</u>バスが多(おお)く通(とお)る。
(전철이랑 버스가 많이 다닌다.)

틀리기 쉬운 격조사의 용법

① 「を/から」

・이탈하는 대상을 나타낸다.

예 その船(ふね)は二日前(ふつかまえ)、神戸港(こうべこう){を / から}出発(しゅっぱつ)した。
(그 배는 이틀 전 고베 항을 출발했다.)

・물리적으로 이탈하는 경우가 아닌 경우 「を」, 물리적으로 이탈하는 경우 「から」를 사용한다.

예 大学(だいがく){を○ / から×}出(で)る。
(대학을 졸업하다.)

大学(だいがく){を× / から○}出(で)る。
(대학으로부터 나오다.)

여기서 「を」는 대학을 졸업하는 경우, 「から」는 학교라는 장소를 나가는 경우이다.

・무생물 주어인 경우 「から」를 사용한다.

예 煙(けむり)が窓(まど){から○ / を×}出(で)ています。
(연기가 창문에서 나오고 있습니다.)

② 「に/で」

일본어에서는 존재 장소와 동작의 장소가 구별된다.

예 田中(たなか)さんはあの部屋(へや){に○ / で×}います。
(다나카 씨는 저 방에 있습니다.) → 존재장소「に」

田中(たなか)さんはあの部屋(へや){で○ / に×}仕事(しごと)をしています。
(다나카 씨는 저 방에서 일을 하고 있습니다.)
→ 동작장소「で」

③ 「に/へ」

・이동의 도착점이나 방향을 나타낼 때, 「に」와 「へ」는 바꿔 쓸 수 있다.

예 友(とも)だちに呼(よ)び出(だ)されて駅(えき){に○ / へ○}行(い)きました。
(친구가 불러서 역에 갔습니다.)

・물건과 물건이 밀접하게 붙는 경우나, 「お風呂(ふろ)に入る」(목욕하다), 「バスに乗(の)る」(버스를 타다)와 같이 관용으로 정해져 있는 경우는 바꿔

쓸 수 없다.

예 壁{に○ / へ?}子供の描いてくれた絵を貼りました。
(벽에 아이가 그려준 그림을 붙였습니다.)

お風呂{に○ / へ×}入っているとき、電話が鳴りました。

(목욕할 때 전화가 울렸습니다.)

バス{に○ / へ×}乗って駅まで行きました。
(버스를 타고 역까지 갔습니다.)

④「に/と」

동작의 상대는 「と」나 「に」로 나타낼 수가 있는데 이 경우 「に」는 일방적인 동작을, 「と」는 상호적인 동작을 나타낸다.

예 昨日駅で田中君{に / と}会いました。
(어제 역에서 다나카 군{을 / 과} 만났습니다.)

来年の留学のことを父{に言いました。/ と話しました。}

(내년 유학에 대한 것을 아버지{에게 말했습니다. / 와 이야기했습니다.})

4. 접속조사

접속조사는 주로 용언 등에 붙어 문절을 만들며 그 문절을 포함한 절과 뒤에 오는 절을 연결시키는 조사로 「ば」「と」「ても」「も」「けれど」「が」「のに」「ので」「から」「し」「て」「ながら」「たり」와 같은 종류가 있다.

4.1 「ながら」

① 동시 동작을 나타낸다.

예 お茶(ちゃ)を飲(の)みながら新聞(しんぶん)を読(よ)む。
(차를 마시면서 신문을 읽는다.)

② 확정의 역접을 나타낸다.

예 その場(ば)にいながら手伝(てつだ)わなかった。
(거기에 있으면서 돕지 않았다.)

4.2 「ば」

① 가정의 순접을 나타낸다.

예 呼(よ)べば答(こた)える。
(부른다면 대답할 것이다.)

② 확정의 순접을 나타낸다.

예 散歩(さんぽ)に行(い)けば必(かなら)ず本(ほん)を買(か)ってきた。

(산책하러 가면 반드시 책을 사왔다.)

③ 병립을 나타낸다.

예 学生(がくせい)もいれば社会人(しゃかいじん)もいる。

(학생도 있는가 하면 사회인도 있다.)

4.3「と」

① 가정의 순접을 나타낸다.

예 彼(かれ)に頼(たの)むと手伝(てつだ)ってくれるよ。

(그에게 부탁한다면 도와 줄 거야.)

② 확정의 순접을 나타낸다.

예 橋(はし)を渡(わた)ると大(おお)きな家(いえ)が見(み)えた。

(다리를 건너자 큰 집이 보였다.)

春(はる)になると花(はな)が咲(さ)く。

(봄이 되면 꽃이 핀다.)

③ 가정의 역접을 나타낸다.

예 何を言われようとくじけない。
(무슨 말을 듣든 약해지지 않는다.)

4.4「ても」

① 가정의 역접을 나타낸다.

예 今、電話をかけてもいないだろう。
(지금 전화를 걸어도 없을 것이다.)

② 확정의 역접을 나타낸다.

예 電話をかけても誰も出なかった。
(전화를 걸어도 아무도 받지 않았다.)

4.5「が」「けれど」「けれども」

① 확정의 역접을 나타낸다.

예 雨が降った(が / けれど)濡れなかった。
(비가 내렸지만 젖지 않았다.)

② 단순한 접속을 나타낸다.

예 すまない(が／けれど)これを貸(か)してくれ。
(미안한데 이거 빌려 줄래?)

③ 병립·대비를 나타낸다.

예 夏(なつ)は暑(あつ)い(が／けれど)冬(ふゆ)は寒(さむ)い。
(여름은 덥지만 겨울은 춥다.)

4.6「のに」

확정의 역접을 나타낸다.

예 お金(かね)を入(い)れたのに切符(きっぷ)が出(で)てこない。
(돈을 넣었는데 표가 나오지 않는다.)

4.7「ものの」

확정의 역접을 나타낸다.

예 本(ほん)を買(か)ったものの一回(いっかい)も読(よ)まない。
(책을 샀는데 한 번도 읽지 않는다.)

4.8「ところで」

가정의 역접을 나타낸다.

예 本を買ったところで読まないだろう。
(책을 사 봤자 읽지 않을 것이다.)

4.9「ので」

확정의 순접(원인·이유)을 나타낸다.

예 風邪をひいたので、寝ている。
(감기에 걸려서 자고 있다.)

4.10「から」

확정의 순접(원인·이유)을 나타낸다.

예 お腹がすいたからご飯を作ろう。
(배가 고파서 밥을 지어야겠다.)

4.11「し」

병립을 나타낸다.

예 彼はピアノも弾けるし作曲もできる。
(그는 피아노도 칠 수 있고 작곡도 할 수 있다.)

4.12「たり」

병립을 나타낸다.

예 本(ほん)を読(よ)んだり音楽(おんがく)を聞(き)いたりする。

(책을 읽거나 음악을 듣거나 한다.)

4.13 「て」

① 확정의 순접(원인·이유)을 나타낸다.

예 かぜを引(ひ)いて学校(がっこう)を休(やす)んだ。

(감기 걸려서 학교를 쉬었다.)

② 단순한 접속을 나타낸다.

예 朝(あさ)、ご飯(はん)を食(た)べて歯(は)を磨(みが)く。

(아침에 밥을 먹고 이를 닦는다.)

③ 병립을 나타낸다.

예 この家(いえ)は広(ひろ)くて、あの家(いえ)は狭(せま)い。

(이 집은 넓고 저 집은 좁다.)

④ 보조용언이 동반되어 쓰인다.

예 食(た)べ<u>て</u>いる。
(먹고 있다.)

置(お)い<u>て</u>おく。
(놓아 둔다.)

※ 순접이란 앞의 내용과 뒤의 내용이 당연한 원인, 결과가 되는 접속 방법이고, 역접이란 순접과 대응되는 것으로 앞의 내용과 뒤의 내용이 순접이 아닌 접속 방법이다.

틀리기 쉬운 접속조사(조건표현)

1.「と」

①「と」의 기본적인 용법은 반복적·항상적으로 성립하는 의존관계(전건이 일어나면, 후건이 일어난다는 의존관계)를 나타내는 것이다.

·자연현상

예 三月の後半になると、桜が咲き始めます。

(3월 후반이 되면, 벚꽃이 피기 시작합니다.)

·습관

예 毎朝起きると、紅茶を一杯飲みます。

(매일 아침 일어나면 홍차를 한잔 마십니다.)

·기계의 조작과 결과

예 お金を入れてボタンを押すと、切符が出てきます。

(돈을 넣고 버튼을 누르면 표가 나옵니다.)

이 경우「ば」가 쓰이는 경우도 있는데 이 경우는 표를 사는 법을 나타내는 경우이고,「と」는 판매기의 사용법을 설명하는 경우이다.

② 「と」는 반복적·항상적인 의존관계를 나타내는 것이 보통이므로 후건에 의지나 희망·명령·의뢰 등의 표현이 오지 않는다.

예 ×桜が咲くと、花見に行くつもりだ。
(벚꽃이 피면 꽃구경하러 갈 생각이다.)

×食事ができると、呼んでください。
(식사가 준비되면 불러 주세요.)

③ 「と」는 전건·후건이 모두 일어난 사항(사실적 조건)을 나타낼 수가 있다.

예 窓を開けると、冷たい風が入ってきた。
(창문을 열자 차가운 바람이 들어 왔다.)

④ 전건을 한 결과 후건을 발견한 경우에 사용된다.

예 デパートに行くと、チョコレートが山積みになっていた。

(백화점에 갔더니 초콜릿이 산더미처럼 쌓여 있었다.)

角を曲がると、すぐ彼のマンションが見えた。
(모퉁이를 돌자 바로 그의 맨션이 보였다.)

「と」는 가정성이 약하고 전·후건사이의 계기(継起)관계를 나타내는 표현이다.

2. 「ば」

① 「ば」의 기본적인 용법도 항상적인 의존관계를 나타낸다. 속담 등으로 대표되는 일반적 법칙에 자주 사용된다.

예 品がよくて安ければ、よく売れます。

(물건이 좋고 싸다면 잘 팔릴 것입니다.)

ちりも積もれば、山となる。

(티끌모아 태산.)

② 「と」와 비슷한 면도 있지만, 「ば」는 「と」와 달리 가정조건에 자주 사용된다.

예 試験に{合格すれば○ / 合格すると×}大学院生になれます。

(시험에 합격한다면 대학원생이 됩니다.)

明日も雨が{降れば○ / 降ると×}どうしましょうか。

(내일도 비가 내린다면 어떻게 할까요?)

③ 「ば」가 사용된 문도 후건에 의지나 희망·명령·의뢰 등의 표현이 오지 않는다.

예 {帰宅すれば× / 帰宅したら○}必ずうがいをしなさい。

(집에 돌아오면 반드시 가글하세요.)

단, 전건의 술어가 상태성을 띠는 경우나 전건과 후건의 주체가 다른 경우는 예외이다.

예 分(わ)からないことがあれば、いつでも聞(き)いてください。
(모르는 게 있다면, 언제든지 질문하세요.)

父(ちち)が許(ゆる)してくれれば、彼(かれ)と結婚(けっこん)するつもりです。
(아버지가 허락해 준다면 그와 결혼할 생각입니다.)

④「ば」는「と」와 달리 전건, 후건이 이미 일어난 사실적 조건을 나타낼 수는 없다.

예 注射(ちゅうしゃ)を{打(う)ってもらえば× / 打(う)ってもらうと○} すぐ治(なお)りました。
(주사를 맞으니 곧 나았습니다.)

⑤ 현실과 다른 사항을 가정하는 조건(반사실적 조건)은 보통「ば」가 사용된다.

예 あと千円(せんえん)あれば、このコートが買(か)えたのに。
(천 엔만 더 있었더라면 이 코트를 살 수 있었을 텐데.)

3. 「たら」

① 「たら」는 특정적, 일회적인 의존관계를 나타내는 것이 전형적인 용법이다. 전건이 성립할지 어떨지 모르는 가정조건의 경우, 또는 전건이 성립하는 것을 알고 있는 확정조건의 경우에 사용된다.

예 雨(あめ)が降(ふ)ったら、キャンプは中止(ちゅうし)です。 〈가정조건〉
(비가 내리면 캠프는 중지됩니다.)

午後(ごご)になったら、散歩(さんぽ)に行(い)きましょう。 〈확정조건〉
(오후가 되면 산책하러 갑시다.)

이 경우, 가정조건인 경우만 「ば」로 바꿔 쓸 수 있다.

② 「たら」는 후건에 의지·희망·명령·의뢰 등의 표현이 올 수 있다.

예 山本(やまもと)さんに会(あ)ったら、よろしく伝(つた)えてください。
(야마모토 씨를 만나면 안부 전해 주세요.)

③ 「たら」는 전건도 후건도 이미 일어난 사실적 조건을 나타낼 수 있다.

예 窓(まど)を開(あ)けたら、冷(つめ)たい風(かぜ)が入(はい)ってきた。
(창문을 열자 차가운 바람이 들어왔다.)

4. 「なら」

① 「なら」는 다른 세 가지 형식과 성격이 다르다. 「なら」의 가장 전형적인 용법은 상대의 발언을 받는 용법이다. 이 경우, 상대의 발언이 전건이 되고 그에 따른 결과가 후건에 이어진다.

예 A：携帯電話(けいたいでんわ)を持(も)っています。
(휴대전화를 가지고 있습니다.)

B：携帯電話(けいたいでんわ)があるなら、いつでも連絡(れんらく)できますね。
(휴대전화가 있다면 언제나 연락할 수 있겠네요.)

A：スーパーに行(い)ってくるよ。
(슈퍼에 다녀올게.)

B：スーパーに行(い)くなら、しょうゆ買(か)ってきて。
(슈퍼에 갈 거면 간장 사 와.)

② 전건, 후건의 전후관계는 「なら」 이외의 「と･ば･なら」는 전건, 후건의 순이다. 이것은 「と･ば･たら」가 전건과 후건의 의존관계를 나타내는 데 반해, 「なら」는 어떠한 사항을 가정한 결과를 후건에 기술하기 때문이다.

예 旅行(りょこう)に行(い)くのなら、カメラを持(も)っていくといいですよ。
(여행갈 거라면 카메라를 가지고 가는 게 좋아요.)

旅行(りょこう)に行(い)くと、食欲(しょくよく)が出(で)る。

(여행가면 식욕이 생긴다.)

旅行(りょこう)に行(い)けば、嫌(いや)なこともすっかり忘(わす)れる。

(여행간다면 안좋은 일도 다 잊어버릴 것이다.)

旅行(りょこう)に行(い)ったら、昔(むかし)の友(とも)だちにばったり会(あ)った。

(여행갔더니 옛날 친구를 우연히 만났다.)

이와 같은 전후관계의 차이를 알기 쉽게 설명할 수 있는 것이 다음의 예이다.

예 **음주운전 금지의 표어**

飲(の)んだら、乗(の)るな。(술 마셨다면 운전하지 마시오.)

→「飲(の)んだら」는「술 마신 후」를 나타낸다.

乗(の)るなら、飲(の)むな。(운전할 거라면 술 마사지 마시오.)

→「乗(の)るなら」는「운전하기 전」을 나타낸다.

③「なら」의 후건에는「たら」와 같이 의지·희망·명령·의뢰 등의 표현이 올 수가 있다.

예 パリへ行(い)くなら、靴(くつ)買(か)ってきて。

(파리에 갈 거면 구두 사 와.)

4가지 조건표현의 사용법(使い分け)

우선 사용범위가 가장 넓은 것은 「-たら」이다. 따라서 최소한 「-たら」를 사용할 수 없는 경우를 알아 두면 부자연스러운 문을 만들지 않을 수 있다. 「-たら」를 사용할 수 없는 경우는 전건의 사항을 가정하여 후건에 그 귀결(화자의 판단, 명령, 희망, 의지 등)을 기술하는 경우, 즉 「-なら」를 사용하는 경우이다.

예 市役所へ行くなら、地下鉄が便利です。
(시청에 갈 거라면 지하철이 편리합니다.)

大学院に進むなら、この本を読みなさい。
(대학원에 진학할 거라면 이 책을 읽으세요.)

이 경우, 「-たら」를 사용하면 부자연스러운 문이 되거나 의미가 변한다.

예 × 市役所へ行ったら、地下鉄が便利です。
(시청에 가면 지하철이 편리합니다.)

大学院に進んだら、この本を読みなさい。
(대학원에 진학하면 이 책을 읽으세요.)

또한, 「-たら」를 사용할 수 있지만 다른 표현이 보다 자연스러운 경우를 정리해 보면 다음과 같다.

① 전건에 초점이 있는 조건문의 경우, 「-ば」가 더욱 자연스럽다.

예 だれに聞けば、田中さんの住所が分かるでしょうか。

(누구에게 물으면 다나카 씨의 주소를 알 수 있을까요?)

② 후건이 성립하기 위한 최저조건을 나타내는 경우, 「-ば」가 자연스럽다.

예 お金さえ払えば、だれでも入会できる。

(돈만 낸다면 누구나 가입할 수 있다.)

③ 반사실적 조건을 나타내는 경우, 「-ば」가 자연스럽다.

예 あと十分早く出れば、バスに間に合ったのに。

(10분만 더 일찍 나왔더라면 버스를 탈 수 있었을 텐데.)

④ 항상적·일반적 조건의 경우, 「-ば」 또는 「-と」가 자연스럽다.

예 駅から近ければ、便利です。

(역에서 가깝다면 편리할 것입니다.)

春になると、観光客が増えます。

(봄이 되면 관광객이 늘어납니다.)

여기서 ①–③의 경우 「–と」는 사용할 수 없다.

예 ？だれに聞くと、田中さんの住所が分かるでしょうか。

(누구에게 물으면 다나카 씨 주소를 알 수 있을까요?)

×お金さえ払うと、だれでも入会できる。

(돈만 내면 누구나 가입할 수 있다.)

？あと十分早く出ると、バスに間に合ったのに。

(10분만 더 일찍 나오면 버스를 탈 수 있었을 텐데.)

5. 부조사

부조사는 체언, 용언, 그 밖에 여러 가지 단어에 붙어(문과 문절에도 접속) 화자의 태도를 나타낸다. 「は」「も」「こそ」「さえ」「でも」「しか」「なり」「まで」「ばかり」「だけ」「きり」「ほど」「くらい」「など」「やら」「だの」「か」 등과 같은 종류가 있다.

5.1 「は」

① 주제를 나타낸다.

예 今年の夏は暑い。
(올해 여름은 덥다.)

② 대비를 나타낸다.

예 私は行きません。
(저는 가지 않겠습니다.)

5.2 「も」

① 병립을 나타낸다.

예 それは辞書です。これも辞書です。
(그것은 사전입니다. 이것도 사전입니다.)

本も辞書もほしい。
(책도 사전도 갖고 싶다.)

② 의외임을 나타낸다.

예 三十人も来た。
(30명이나 왔다.)

さすがの彼も怒った。
((평소)화를 잘 안내는 그도 화를 냈다.)

③ 수량의 견적(어림)을 나타낸다.

예 百メートルも歩けば駅に着く。
(100미터정도 걸으면 역에 도착한다.)

④ 완곡을 나타낸다.

예 夜も更けてきました。
(밤도 깊어졌습니다.)

5.3「こそ」

강조를 나타낸다.

예 来年(らいねん)こそ勝(か)つぞ。

(내년에야말로 이기고 말거야.)

5.4「さえ」

① 극단적 예를 드는 경우 사용된다.

예 頭(あたま)のいい田中(たなか)さんさえ分(わ)からない。

(머리 좋은 다나카 씨조차 모른다.)

② 한정을 나타낸다.

예 この問題(もんだい)に答(こた)えさえすればいい。

(이 문제에 대답만 하면 된다.)

5.5「でも」

① 극단적 예를 나타낸다.

예 犬(いぬ)でも食(た)べないほどまずいご飯(はん)。

(개도 안 먹을 정도로 맛없는 밥.)

② 예시를 나타낸다.

예 お茶(ちゃ)でも飲(の)みましょう。

(차라도 마십시다.)

5.6「しか」

한정(뒤에 부정을 동반)을 나타낸다.

예 あと十分(じゅっぷん)しか時間(じかん)がない。

(이제 10분 밖에 시간이 없다.)

5.7「まで」

① 의외적 요소를 나타낸다.

예 犬(いぬ)にまでばかにされた。

(개한테까지 무시당했다.)

② 한정을 나타낸다.

예 許(ゆる)してもらえないなら勝手(かって)にするまでさ。

(허락해 주지 않는다면 마음대로 하는 수 밖에.)

5.8 「ばかり」

① 한정을 나타낸다.

예 テレビばかり見ている。
(TV만 보고 있다.)

② 대략적인 수량을 나타낸다.

예 図書館に三人ばかりの人がいた。
(도서관에 3명 정도의 사람이 있었다.)

5.9 「だけ」

① 한정을 나타낸다.

예 五百円だけ持って買い物に行く。
(500엔만 가지고 쇼핑하러 간다.)

② 대략적인 정도를 나타낸다.

예 これだけ言えば分かるだろう。
(이정도 말한다면 알 것이다.)

5.10「ほど」

대략적인 정도를 나타낸다.

예 百円(ひゃくえん)ほどある。

(100엔 정도 있다.)

これほど言(い)っても聞(き)かない。

(이정도 말했는데도 듣지 않는다.)

5.11「くらい」

① 대략적인 정도를 나타낸다.

예 同(おな)じ本(ほん)を三回(さんかい)くらい読(よ)みなさい。

(같은 책을 3번 정도 읽으세요.)

② 가장 높은 가능성을 제시한다.

예 返事(へんじ)ぐらいしなさい。

(대답 정도 하세요.)

5.12「など」

① 예시를 나타낸다.

예 イタリアでピザなどを食べました。
(이탈리아에서 피자 등을 먹었습니다.)

② 당연을 나타낸다.

예 目玉焼きなど僕にも作れる。
(계란말이정도 나도 만들 수 있다.)

5.13「きり」

한정을 나타낸다.

예 一度きりの学生生活だから、楽しもう。
(한번 뿐인 학창 시절이니까 즐겨야겠다.)

5.14「なり」

① 예시를 나타낸다.

예 せめてひとこと断るなりするべきだ。
(적어도 한마디 양해라도 구해야 한다.)

② 정해지지 않는 병렬을 나타낸다.

예 行くなり行かないなり早く決めろ。

(가든 안가든 빨리 정해.)

5.15「やら」

① 불확실함을 나타낸다.

예 彼はいったい何が言いたかったのやら。

(그는 도대체 무엇을 말하고 싶었던 걸까?)

② 병립을 나타낸다.

예 悔しいやらなさけないやらでだまっていた。

(분하고 비참해도 잠자코 있었다.)

5.16「か」

① 불확실한 추정을 나타낸다.

예 どこかへ行きたいなあ。

(어딘가 가고 싶구나.)

② 병립을 나타낸다.

예 行く<u>か</u>行かない<u>か</u>決められない。

(갈지 안 갈지 정할 수 없다.)

틀리기 쉬운 부조사의 용법

①「だけ/しか－ない」(한정)

두 가지 표현의 차이는「－だけ」는「－」을 한정하는 것에 표현의 포인트가 있는데 반해,「しか－ない」는「－ない」라는 것에 표현의 포인트가 있다는 점이다. 예를 들어 다음의 첫번째 예문은 대학교 1학년 때 공부하는 내용을 스스로의 의지로 중국어로 한정했다는 것을 나타내는 데 반해 두번째 예문은 대학 1학년 때 공부한 내용이 중국어 이외에는 없다는 것을 후회하는 심정으로 말하는 것에 표현의 포인트가 있다.

예 大学一年生のときは中国語<u>だけ</u>を勉強しました。

(대학 1학년 때는 중국어만을 공부했습니다.)

大学一年生のときは中国語<u>しか</u>勉強<u>しませんでした</u>。

(대학 1학년 때는 중국어밖에 공부하지 않았습니다.)

② 「だけ/ばかり」

「太郎ばかり」(다로만)는 「太郎が用事を言いつけられることが多い。(다로에게 일을 시키는 경우가 많다.)」라는 것을 나타내고, 「太郎だけは」(다로만)는 「用事を言いつけられるのはいつも太郎だ。(일을 하는 것은 언제나 다로이다.)」라는 것을 나타낸다. 즉, 「Aばかり」는 A가 많은 것을 나타내는 데 반해, 「Aだけ」는 A이외의 것이 존재하지 않는다는 것을 나타낸다.

예 兄弟はたくさんいるのに、太郎ばかりが用事を言いつけられます。

(형제는 많이 있는데 다로가 일을 하는 경우가 많습니다.)

兄弟はたくさんいるのに、太郎だけが用事を言いつけられます。

(형제는 많이 있는데, (언제나) 다로만 일을 합니다.)

6. 종조사

종조사는 체언이나 용언, 그 밖의 여러 가지 단어에 붙으며 문말이나 문중의 문절 끝에 붙어 의문, 금지, 감동, 강조 등의 의미를 나타낸다.

6.1 「か」

① 의문을 나타낸다.

예 これは だれの帽子(ぼうし) ですか。
(이것은 누구의 모자입니까?)

あなたも行(い)きますか。
(당신도 갈 겁니까?)

② 반어를 나타낸다.

예 こんなこと、あるものですか。
(이런 일이 있을 수 있는 겁니까?)

そんなこと、あなたにできるものですか。

(그런 일을 당신이 할 수 있겠습니까?)

③ 영탄을 나타낸다.

예 ああ、今日(きょう)も雨(あめ)<u>か</u>。

(아아, 오늘도 비구나!)

④ 자기의 원망(願望(がんぼう))·요구를 나타내는데 이 경우 「ね」를 동반하는 경우가 많다.

예 明日(あした)も話(はなし)に来(こ)ない<u>か</u>(ね)。

(내일도 이야기 하러 오지 않을래?)

6.2 「な」

금지(명령)를 나타낸다.

예 そんな本(ほん)は読(よ)む<u>な</u>。

(그런 책은 읽지 마.)

決(けっ)して油断(ゆだん)する<u>な</u>。

(결코 방심하지 마.)

6.3「な」

감동을 나타낸다.

예 よくできたな。

(잘했네!)

そこは静(しず)かだな。

(거기는 조용하네.)

6.4「ぞ」

확인, 다짐, 강한 지시를 나타낸다.

예 そら、行くぞ。

(자, 간다!)

だれもそんなところには行(い)かないぞ。

(누구도 그런 곳에는 가지 않아!)

あれ、犬(いぬ)に噛(か)まれるぞ。

(어, 개에게 물리겠어!)

6.5「よ」

① 감동, 확인, 다짐, 정보제공을 나타낸다.

예 ここは静(しず)かだよ。
(여기는 조용해.)

ここは危(あぶ)ないよ。
(여기는 위험해.)

早(はや)く帰(かえ)れよ。
(빨리 돌아가.)

そんなことはするなよ。
(그런 짓은 하지 마.)

6.6「とも」

강조(확실한 단정)를 나타낸다.

예 A: 君は行(い)くのか。
(너는 갈 거야?)

B: 行(い)くとも。
(가고 말고.)

A: それ面白(おもしろ)いのか。
(그거 재미있니?)

B: 面白(おもしろ)いとも。

(재미 있고 말고.)

6.7「さ」

가벼운 단정, 강조, 확인, 다짐을 나타낸다.

예 ここは学校(がっこう)さ。

(여기는 학교야.)

僕(ぼく)も行くさ。

(나도 갈 거야.)

それでいいさ。

(그걸로 됐어.)

それがさ、大失敗(だいしっぱい)だよ。

(그게 말이야, 완전 실패야.)

今日(きょう)は図書館(としょかん)に行(い)ってさ、それから、動物園(どうぶつえん)に寄(よ)って来(き)た。

(오늘은 도서관에 갔고 말야, 그리고 동물원에 들러 왔어.)

6.8「の」

① 의문을 나타낸다.

예 あなたも行くの？

(너도 갈 거야?)

② 가벼운 단정을 나타낸다.

예 今日 友だちと映画見に行ったの。

(오늘 친구하고 영화 보러 갔었어.)

6.9「ね(ねえ)」

감동, 영탄, 가벼운 확인·다짐을 나타낸다.

예 それでね(ねえ)、大変だったんだよ。

(그래서 말야, 힘들었어.)

これ、とてもおいしいね(ねえ)。

(이거 정말 맛있네.)

もう花も散るね(ねえ)。

(벌써 꽃도 지네.)

田中さん、静かだね(ねえ)。

(다나카 씨, 조용하네.)

それはよかったね(ねえ)。

(그것 참 잘 됐네.)

그 밖의 종조사

①「わ」

여성들이 주로 사용하는 종조사로 보통형과 정중형에 붙는데 최근 젊은 여성들은 별로 사용하지 않는다.

예 暑(あつ)くて仕事(しごと)どころじゃないわ。

(더워서 일을 못하겠어요.)

②「っけ」

다음 예문과 같이 주로「た」형에 붙어 자신의 기억이 확실하지 않은 것을 나타내는 종조사이다.

예 鍵(かぎ)閉(し)めたっけ。

(열쇠 잠궜던가?)

문제

1. 다음 (　　)에 알맞은 조사를 넣으시오.

① 日本(にほん)に来(き)て、もう 五年(ごねん)(　　　　　)なります。
(일본에 온지 벌써 5년이 되었습니다.)

② 私(わたし)はパソコン(　　　　　)ほしいです。
(저는 PC를 갖고 싶습니다.)

③ 風邪(かぜ)(　　　　　)学校(がっこう)を休(やす)みました。
(감기 때문에 학교를 쉬었습니다.)

④ 母(はは)(　　　　　)叱(しか)られました。
(엄마에게 꾸지람을 들었습니다.)

⑤ こんな簡単(かんたん)な漢字(かんじ)は子供(こども)(　　　　　)書(か)けます。
(이런 간단한 한자는 아이라도 쓸 수 있습니다.)

⑥ これからデパートへ買(か)い物(もの)(　　　　　)行(い)きます。
(지금부터 백화점으로 쇼핑하러 갈 겁니다.)

⑦ 鈴木(すずき)さんは図書館(としょかん)(　　　　　)仕事(しごと)をしています。
(스즈키 씨는 도서관에서 일을 하고 있습니다.)

⑧ 花子さんは研究室(　　　　　)います。
(하나코 씨는 연구실에 있습니다.)

⑨ 電車(　　　　　)乗って学校へ行きます。
(전철을 타고 학교에 갑니다.)

⑩ 昨日駅で田中さん(　　　　　)会いました。
(어제 역에서 다나카 씨를 만났습니다.)

2. 다음 (　　)에 알맞은 조사 혹은 표현을 고르시오.

① 信号が赤(に / と)変わりました。
(신호가 빨간색으로 바뀌었습니다.)

② 机の上には鉛筆(や / と)ノートなどがあります。
(책상 위에 연필이랑 노트 등이 있습니다.)

③ 彼は絵を壁(へ / に)貼りました。
(그는 그림을 벽에 붙였습니다.)

④ パーティーには十人(だけ / しか)来なかった。
(파티에는 열 명 밖에 오지 않았다.)

⑤ あと、千円(あれば / あると) このコートが買えたのに。
(천엔만 더 있었더라면 이 코트를 살 수 있었을 텐데.)

⑥ 試験に(受かれば / 受かると)弁護士になれます。
(시험에 합격한다면 변호사가 될 수 있습니다.)

⑦ 彼は今年大学(を / から)出た。
(그는 올해 대학을 졸업했다.)

⑧ ドアを(開けると / 開ければ)子犬が入ってきた。
(문을 열자 강아지가 들어왔다.)

⑨ 田中さんはいつもお酒(だけ / ばかり)飲んでいます。
(다나카 씨는 항상 술만 마시고 있습니다.)

⑩ (飲むなら / 飲んだら)乗るな。(乗るなら / 乗ったら)飲むな。
(술 마셨으면 운전하지 마시오. 운전할 거라면 술 마시지 마시오.)

PART III

Chapter 1

보이스(voice, 態)

보이스라는 것은 태(態)라고도 하며 어디에 초점을 맞추어 서술하는가에 따라 동사의 형태가 바뀌는 것이다. 대표적인 것으로 수동과 사역, 가능과 자발, 그 외에 수수동사 등을 들 수 있다.

1. 수동문

수동문은 동사에 「れる」「られる」가 붙은 형식으로, 동작을 받는 측이 주어가 되는 문을 수동문, 동작을 하는 측이 주어가 되는 문을 능동문이라고 한다.

다음 예문에서 능동문인 경우, 동작을 하는 사람인 다로(太郎)가 주어가 되고 수동문인 경우 동작을 받는 하나코(花子)가 주어가 된다.

예 太郎が花子を殴った。 〈능동문〉
(다로가 하나코를 때렸다.)

花子(はなこ)が太郎(たろう)に殴(なぐ)られた。 〈수동문〉

(하나코가 다로에게 맞았다.)

1.1 수동문의 종류

① 직접수동문

능동문의 「を」 격이나 「に」 격의 명사구가 수동문의 주어가 되는 수동문을 직접수동문이라고 한다.

예 親(おや)が子供(こども)を叱(しか)る。 〈능동문〉

(부모가 아이를 꾸짖는다.)

子供(こども)が親(おや)に叱(しか)られる。 〈수동문〉

(아이가 부모에게 꾸지람을 듣는다.)

田中(たなか)さんが彼女(かのじょ)に話(はな)しかける。 〈능동문〉

(다나카 씨가 그녀에게 말을 건넨다.)

彼女(かのじょ)が田中(たなか)さんに話(はな)しかけられる。 〈수동문〉

(그녀가 다나카 씨에게 말을 건네받는다.)

② 간접수동문

능동문에는 없는 명사구가 수동문의 주어가 되는 수동문이 있는데 이러한 수동문을 간접수동문이라고 한다. 간접수동문은 주어가 어떤 행위나 사건에 의해 간접적으로 피해를 받는다는 의미를 나타낸다. 따라서 간접수동문을 피해의 수동문이라고 하기도 한다.

예 隣(となり)の人(ひと)が騒(さわ)ぐ。 〈능동문〉

(옆집 사람이 떠든다.)

私(わたし)は隣(となり)の人(ひと)に騒(さわ)がれた。 〈수동문〉

(나는 옆집 사람이 시끄럽게 해서 피해를 받았다.)

子供(こども)が泣(な)く。 〈능동문〉

(아이가 운다.)

母親(ははおや)は子供(こども)に泣(な)かれた。 〈수동문〉

(엄마는 아이가 울어서 곤란했다.)

③ 소유주(持(も)ち主(ぬし))의 수동문

다음 예문과 같이 「の」로 표현되는 소유자가 수동문의 주어가 되는 수동문을 소유주(持(も)ち主(ぬし)) 수동문이라고 한다.

예 誰(だれ)かが山田(やまだ)さんの名前(なまえ)を呼(よ)んだ。

(누군가가 야마다 씨의 이름을 불렀다.)

山田(やまだ)さんは名前(なまえ)を呼(よ)ばれた。

(야마다 씨의 이름이 불리어졌다.)

誰(だれ)かが田中(たなか)さんの車(くるま)を壊(こわ)した。

(누군가가 다나카 씨의 차를 부쉈다.)

田中(たなか)さんは車(くるま)を壊(こわ)された。

(다나카 씨의 차가 부숴졌다.)

※ 영어에서는 간접수동문이 없기 때문에 소유주 수동문의 경우, 「山田(やまだ)さんの名前(なまえ)が呼(よ)ばれた。(야마다 씨의 이름이 불리어졌다.)」, 「田中(たなか)さんの車(くるま)が壊(こわ)された。(다나카 씨의 차가 부숴졌다.)」와 같이 직접수동문으로 표현된다.

1.2 수동형을 갖는 동사와 갖지 않는 동사

① 직접수동문은 능동문의 「を」 격이나 「に」 격의 명사구가 주어가 되므로 「を」 격이나 「に」 격을 취하는 동사만 수동문이 될 수 있다.

예 兄(あに)が弟(おとうと)を叱(しか)る。

(형이 동생을 꾸짖는다.)

弟(おとうと)が兄(あに)に叱(しか)られる。

(동생이 형에게 꾸지람 듣는다.)

田中(たなか)が小林(こばやし)に声(こえ)をかける。

(다나카가 고바야시에게 말을 건다.)

小林が田中に声をかけられる。

(고바야시가 다나카에게 말을 건네받는다.)

② 간접수동문에서는 능동문에 포함되지 않는 명사구가 주어가 되므로 능동문의 동사는 자동사나 「と」 격을 취하는 동사, 「を」 격이나 「に」 격을 취하는 타동사도 수동문이 될 수 있다.

예 隣の人が騒いだ。

(옆집 사람이 시끄럽다.)

(私は)隣の人に騒がれた。

(나는 옆집 사람이 시끄럽게 해서 곤란했다.)

田中が幸子と結婚した。

(다나카가 사치코와 결혼했다.)

(私は)田中に幸子と結婚された。

(나는 다나카가 사치코와 결혼해서 싫었다.)

先生がライバルをほめた。

(선생님이 라이벌을 칭찬했다.)

(私は)先生にライバルをほめられた。

(나는 선생님이 라이벌을 칭찬해서 싫었다.)

③ 간접수동문이 될 수 없는 동사

· 능력을 나타내는 동사 : 「できる」(할 수 있다) 및 동사의 가능형

· 자발적인 의미를 갖는 동사 : 「見える」(보이다), 「聞こえる」(들리다), 「売れる」(팔리다) 등

· 무의지 동사로 동사가 나타내는 동작이 다른 것에 영향을 미치지 않은 상태동사 : 「ある」(있다), 「要る」(필요하다) 등

· 이미 수동의 의미를 가지고 있는 동사 : 「教わる」(가르침을 받다), 「見つかる」(발견되다) 등

1.3 직접수동문의 동작주를 나타내는 격

수동문에서 동작주는 일반적으로 「に」 격에 의해 표현되는데 이외에 「から」 격이나 「によって」로도 나타낼 수가 있다. 다음 예는 「に」 격을 사용하지 않고 다른 격을 사용하는 경우이다.

① (AがBにCを)「渡す」(건네다), 「送る」(보내다), 「与える」(주다) 등 무언가를 받는 사람이 「に」 격으로 나타나는 동사의 경우 수동문의 동작주가 「に」 격으로 표현되면 혼란이 생기므로 「から」 격으로 나타낸다.

예 ○ 大会委員長から参加者全員に記念品が渡された。
(대회 위원장으로부터 참가자 전원에게 기념품이 전달되었다.)

× 大会委員長(たいかいいいんちょう)に参加者全員(さんかしゃぜんいん)に記念品(きねんひん)が渡(わた)された。

(대회 위원장에게 참가자 전원에게 기념품이 전달되었다.)

○ 権利(けんり)は国(くに)から与(あた)えられるものでなく、獲得(かくとく)するものだ。

(권리는 나라로부터 부여받는 것이 아니라 획득하는 것이다.)

× 権利(けんり)は国(くに)に与(あた)えられるものでなく獲得(かくとく)するものだ。

(권리는 나라에 부여받는 것이 아니라 획득하는 것이다.)

② (AがBを)「作(つく)る」(만들다), 「建(た)てる」(세우다), 「書(か)く」(쓰다), 「編(あ)む」(짜다) 등 생산물이 생기는 동사의 경우, 생산물을 받는 사람이 「に」격으로 표현될 가능성이 있으므로 동작주는 「に」격이 아니라 「によって」로 나타내는 것이 보통이다.

예 ○ 法隆寺(ほうりゅうじ)は聖徳太子(しょうとくたいし)によって建(た)てられた。

(호류지는 쇼토쿠태자에 의해 세워졌다.)

? 法隆寺(ほうりゅうじ)は聖徳太子(しょうとくたいし)に建(た)てられた。

(호류지는 쇼토쿠태자에게 세워졌다.)

○ このケーキは彼(かれ)によって作(つく)られたものだ。

(이 케익은 그에 의해 만들어진 것이다.)

? このケーキは彼(かれ)に作(つく)られたものだ。

(이 케익은 그에게 만들어진 것이다.)

1.4 수동문의 기능

① 동작주보다 동작을 받는 입장에서 이야기 할 경우 수동문이 사용된다.

예 川上投手(かわかみとうしゅ)は松井選手(まついせんしゅ)を三振(さんしん)に打(う)ち取(と)った。

(가와카미 투수는 마쓰이 선수를 삼진으로 보내 버렸다.)

松井選手(まついせんしゅ)は川上投手(かわかみとうしゅ)に三振(さんしん)に打(う)ち取(と)られた。

(마쓰이 선수가 가와카미 투수에게 삼진을 당했다.)

이와 같이 동작을 받는 마쓰이 선수 입장에서 이야기 할 경우 수동문이 사용된다.

② 복문에서 전건의 주어와 후건의 주어를 맞출 필요가 있을 때 수동문이 사용된다.

예 彼(かれ)に殴(なぐ)られながら、私(わたし)は「いつか見返(みかえ)してやる」と思(おも)った。

(그에게 맞으면서 나는 언젠가 복수할거라고 생각했다.)

みんなに愛されて、彼女は幸せそうでした。

(모두에게 사랑받아 그녀는 행복한 것 같았습니다.)

年齢を聞かれると、二十九才と答えるようにしている。

(나이를 물으면 29살이라고 대답하기로 하고 있다.)

특히, 부대 상황을 나타내는 「ながら」「つつ」와 원인·이유 및 계기적(継起的)인 의미를 나타내는 「て」의 경우 주어는 반드시 맞추지 않으면 안 된다.

예 ×彼が私を殴りながら、私は「いつか見返してやる」と思った。

(그가 나를 때리면서, 나는 언젠가 복수하겠다고 생각했다.)

×みんなが愛して、彼女は幸せそうでした。

(모두가 사랑해서 그녀는 행복한 것 같았습니다.)

한편, 조건을 나타내는 접속조사 「と」「ば」「たら」나 역접을 나타내는 접속조사 「のに」「ても」는 동작주가 명시되어 있는 경우 능동문으로 표현할 수도 있으나 수동문으로 표현하는 것이 자연스럽다.

예 ×年齢を聞くと、二十九才と答えるようにしている。

(나이를 물으면 29살이라고 대답하기로 하고 있다.)

× 年齢を聞いても、答えないようにしている。

(나이를 물어도 대답하지 않도록 하고 있다.)

③ 동작주를 알 수 없는 경우 수동문이 사용된다.

예 この歌は広く歌われている。

(이 노래는 널리 불리어지고 있다.)

④ 불특정한 사람이 동작을 하고 화자가 그 동작의 영향을 받는 경우도 수동문이 사용된다. 일본어는 화자를 주어로 하는 것이 보통이므로 다음 예문의 경우 수동문을 사용하는 것이 자연스럽다.

예 ? 見知らぬ人が私に道を尋ねました。

(모르는 사람이 나에게 길을 물었습니다.)

○ (私は)見知らぬ人に道を尋ねられました。

(나는 모르는 사람에게 길을 질문받았습니다.)

⑤ 간접수동은 피해의 의미를 나타내기 위해 사용되며 특히 원인·이유를 나타내는 「て」절을 포함하는 복문의 후건에 「困る」(곤란하다), 「残念だ」(유감이다) 등 감정을 나타내는 표현과 같이 사용된다.

예 隣の家の人に何時間も大声で騒がれて困った。

(이웃집 사람이 몇 시간이나 큰 소리로 떠들어서 곤란했다.)

2. 사역문

상대에게 어떠한 행위를 하도록 시키는 입장에서 나타내는 표현으로 문말에 「せる·させる」를 첨가하여 만든다.

예 妹に部屋の掃除をさせる。
(여동생에게 방청소를 시킨다.)

子供に本を読ませる。
(아이에게 책을 읽게 한다.)

2.1 사역의 의미

2.1.1 강제

행위자의 의지에 관계없이 강제하는 경우에 사용되는 사역이다.

예 子供にむりやり薬を飲ませる。
(아이에게 억지로 약을 먹게 한다.)

先生はいやがる田中さんに歌を歌わせた。
(선생님은 싫어하는 다나카 씨에게 노래를 부르게 했다.)

2.1.2 허용, 방임

행위자가 무언가를 희망하는 경우를 나타낸다.

예 子供(こども)が遊(あそ)びたがるので、遊(あそ)ばせておいた。

(아이가 놀고 싶어하므로 놀게 두었다.)

言(い)いたい人(ひと)は言(い)わせればいい。

(말하고 싶어하는 사람은 말하게 두면 된다.)

2.2 사역표현을 사용한 그 밖의 표현

① 「(さ)せられる」 표현(사역수동 표현)

「(さ)せられる」는 사역수동이라고 불리는 형식으로 스스로의 의지가 아니라 다른 사람에게 강요되어 한 동작을 나타낸다. 이 경우 강제하는 사람은 「に」 격으로 표현된다. 다음 예문은 「選手(せんしゅ)たちはグランドを走(はし)った。(선수들은 운동장을 달렸다.)」에 비해 「コーチに強制(きょうせい)されて(いやいや)走(はし)った。(코치에게 강요받아 (할 수 없이) 달렸다.)」라는 의미가 내포되어 있다.

예 選手(せんしゅ)たちはコーチにグランドを走(はし)らせられた。

(선수들은 코치에게 강요받아 운동장을 달렸다.)

太郎(たろう)は親(おや)に嫌(きら)いな野菜(やさい)を食(た)べさせられた。

(부모님은 다로에게 싫어하는 야채를 먹게 했다.)

② 「(さ)せてもらう」 표현

선수가 코치에게 운동장을 달리게 해달라고 부탁한 경우에는 「(さ)せてもらう」를 사용한다.

> **예** 選手たちはコーチに競技場で走らせてもらった。
> (선수들은 코치에게 부탁해 경기장을 달렸다.)

이 「(さ)せてもらう」 형태는 다음과 같이 겸손한 표현으로 사용되지만 상대의 허가를 얻을 필요가 없다.

> **예** そろそろ帰らせていただきます。
> (슬슬 돌아가겠습니다.)
>
> 先生の小説、読ませていただきました。
> (선생님 소설 읽었습니다.)

3. 가능문

가능이란 어떤 인물(또는 그것에 준하는 것)이 어느 동작이나 상태를 실현할 능력을 갖는 것(또는 갖지 않는 것)을 나타내는 표현이다. 가능의 의미를 나타내는 표현은 다음과 같이 정리할 수가 있다.

① 가능동사

예 私は日本語ができる。
(나는 일본어를 할 수 있다.)

田中さんは難しい漢字が読める。
(다나카 씨는 어려운 한자를 읽을 수 있다.)

私は納豆が食べられる。
(나는 낫또를 먹을 수 있다.)

② 「-える/-うる」

가능동사와 「-ことができる」보다 문어적인 표현으로 그 사태가 성립할 수 있는 성립여부를 나타내기 때문에 능력을 나타내는 경우에는 쓸 수 없다.

예 そんなこともありえますね。
(그런 일도 있을 수 있겠네요.)

それも考(かんが)えうる。

(그것도 생각할 수 있다.)

×田中(たなか)さんはフランス語(ご)が話(はな)しうる。

(다나카 씨는 프랑스어를 말할 수 있다.)

○田中(たなか)さんはフランス語(ご)が話(はな)せる。

(다나카 씨는 프랑스어를 말할 수 있다.)

③「동사의 기본형 + ことができる」

대부분의 동사를 가능표현으로 만들 수 있는 표현으로 동사의 기본형에 붙는다. 동작성을 띠는 명사는 축약 형태로 표현할 수 있다.

예 私(わたし)はケーキを作(つく)ることができる。

(나는 케익을 만들 수가 있다.)

彼(かれ)は自転車(じてんしゃ)に乗(の)ることができる。

(그는 자전거를 탈 수가 있다.)

私(わたし)は運転(うんてん)ができる。

(나는 운전을 할 수 있다.)

4. 자발문

자발은 저절로 그렇게 된다는 의미를 가지며, 자발의 의미를 나타내는 표현은 「思う」(생각하다), 「思い出す」(생각해내다), 「偲ぶ」(그리워하다), 「感じる」(느끼다), 「案じる」(생각하다) 등 심정을 나타내는 동사에 한정되어 붙는다. 또한, 「見える」(보이다), 「聞こえる」(들리다)와 같이 자발의 의미를 갖는 동사도 있다.

예 彼女のことがかわいそうに思われて、しょうがなかった。

(그녀가 불쌍해서 견딜 수가 없었다.)

あ、富士山が見える。

(아, 후지산이 보여.)

5. 수수동사

같은 내용을 다른 시점에서 표현하는 것은 많은 언어에서 자주 볼 수 있는 현상이다. 일본어에서도 「買う·売る」(사다·팔다), 「貸す·借りる」(빌려주다·빌리다), 「教える·教わる」(가르치다·가르침을 받다) 등은 같은 내용을 주는 쪽과 받는 쪽의 시점에서 표현한 것이다. 수수동사인 「あげる」(행위의 방향이 화자에게서 청자, 제3자에게 향함), 「くれる」(행위의 방향이 청자, 제3자로부터 화자에게 향함), 「もらう」(행위를 받는 자가 주어가 됨)와 같은 표현이나 동사 「て」형에 수수동사가 붙은 「-てあげる」「-てくれる」「-てもらう」도 다른 시점에서 같은 내용을 나타내는 표현이다.

예 友だちにお土産をあげました。
(친구에게 선물을 주었습니다.)

姉がお菓子をくれました。
(언니가 과자를 주었습니다.)

姉からお菓子をもらいました。
(언니에게 과자를 받았습니다.)

子供に絵本を読んであげました。
(아이에게 그림책을 읽어 주었습니다.)

母がお菓子を買ってくれました。
(엄마가 과자를 사 주었습니다.)

母にお菓子を買ってもらいました。
(엄마에게 과자를 사 받았습니다.)

상대에게 「ーてやる」「ーてあげる」「ーてさしあげる」를 사용하는 것은 실례일까?

일본어에는 수수동사인 「やる」(주다), 「あげる」(주다), 「さしあげる」(드리다)와 접속조사 「ーて」가 복합된 형태인 「ーてやる」(-해 주다), 「ーてあげる」(-해 주다), 「ーてさしあげる」(-해 드리다)와 같은 표현이 있는데 이러한 표현을 사용할 때는 주의가 필요하다. 특히 손윗사람에 대해 「ーてさしあげる」(-해 드리다)를 사용하는 것은 실례가 된다. 예를 들어 「これ、さしあげます。(이거 드리겠습니다.)」와 같은 표현은 그다지 문제가 되지 않지만, 「先生(せんせい) 、この本(ほん)貸(か)してさしあげましょうか。(선생님 이 책 빌려 드릴까요?)」와 같은 표현은 책을 빌려 주고 그것에 대해 생색내는 표현이 되기 때문에 선생님에게 실례가 된다. 이런 경우에는 겸양 표현인 「先生(せんせい)、この本(ほん)お貸(か)ししましょうか。」나 「先生(せんせい)、この本(ほん)使(つか)ってください。」와 같은 표현을 사용하는 것이 좋다.

Chapter 2

텐스(tense, 時制)와 아스펙트(aspect, 相)

시간을 나타내는 표현은 크게 발화시와의 시간적 전후관계를 나타내는 텐스와 사건의 시간적 성질을 나타내는 아스펙트로 나누어진다.

1. 텐스

텐스는 일반적으로 시제(時制(じせい))라고 번역되는데 텐스가 나타내는 내용은 화자가 이야기하고 있는 시점을 기준으로 그 이전인가, 그 이후인가를 나타내는 표현이다. 즉, 어느 한 시점을 기준으로 하여 어떠한 사건이 기준 시점 당시에 일어난 일인가(현재), 그 이전에 일어난 일인가(과거), 아니면 그 이후에 일어날 일인가(미래)를 나타내는 것이다. 이러한 텐스를 생각할 때에는 술어의 「る」형과 「た」형을 구별할 필요가 있다.

〈「る」형과 「た」형〉

	る형	た형
동사	–ます 사전형 –ません 부정형	–ました –た –ませんでした –なかった
형용사	–い(です) –くない(です) –くありません	–かった(です) –くなかった(です) –くありませんでした
형용동사 명사＋だ	–です –だ –である –ではありません –ではない	–でした、–だったです –だった –であった –ではありませんでした –ではなかった

1.1 「た」의 용법

「た」형이란 문말에서 사용되는 술어 중 「た」(「です」 : 형용사·형용동사의 경우)로 끝나는 것이다. 공손형(丁寧形), 보통형, 부정형도 포함된다. 「た」에는 크게 과거와 완료의 의미가 있다. 다음의 예문에서의 「た」는 표면적으로는 같은 것 같으나 대답하는 방법이 다르다. 이것은 「た」의 의미가 다르기 때문이다.

1.1.1 과거를 나타내는 경우

예 昔々(むかしむかし)、あるところにおじいさんとおばあさんがありました。

(옛날 옛날 어느 곳에 할머니와 할아버지가 살았습니다.)

(오후 6시경에)

A: 昼(ひる)ご飯(はん)を食(た)べましたか。

(점심 먹었습니까?)

B1: ○ はい、食(た)べました。

(예, 먹었습니다.)

× はい、もう食(た)べました。

(예, 벌써 먹었습니다.)

B2: ○ いいえ、食(た)べませんでした。

(아니오, 먹지 않았습니다.)

× いいえ、まだ食(た)べていません。

(아니오, 아직 먹지 않았습니다.)

예문 A의 「た」 형은 과거를 나타낸다. 오후 6시에는 점심을 먹을 찬스가 없으므로, 「昼(ひる)ご飯(はん)を食(た)べる」(점심을 먹는다.)라는 행위는 과거에 일어났다고 밖에 해석할 수 없다.

1.1.2 완료를 나타내는 경우

예 レポート、もうできた？
(레포트, 벌써 했어?)

(오후 1시경에)

A: 昼ご飯を食べましたか。
(점심 먹었습니까?)

B1: ○ はい、食べました。
(예, 먹었습니다.)

○ はい、もう食べました。
(예, 벌써 먹었습니다.)

B2: ×いいえ、食べませんでした。
(아니오, 먹지 않았습니다.)

○ いいえ、まだ食べていません。
(아니오, 아직 먹지 않았습니다.)

예문 A의 「た」형은 완료를 나타낸다. 완료는 기준이 되는 시점(기준시) 이전에 동작이나 사건이 완결된 것을 나타낸다. 오후 1시에는 아직 점심을 먹을 찬스가 있으므로, B2의 위 예문과 같은 대답은 할 수 없다.

1.1.3 그 외의 「た」

① 현재의 인식

예 あ、バスが来(き)た。

(아, 버스가 왔다.)

探(さが)していた財布(さいふ)、ここにあったのか。

(찾고 있었던 지갑 여기에 있었네.)

위의 두 예문은 과거로도 완료로도 볼 수 없다. 버스는 아직 정류장에 오지 않았고 지갑은 현재 눈앞에 있다. 이 경우의 「た」는 과거, 완료의 「た」가 아니라 버스가 오거나 지갑이 있는 것을 인식했다는 것을 나타내는 인식의 「た」라고 볼 수 있다.

② 재인식

예 君(きみ)、田中君(たなかくん)だったね。

(자네가 다나카 군이었던가?)

위의 예문은 과거의 인식에 대해 「た」로 다시 한 번 인식하는 재인식의 「た」라고 볼 수 있다.

③ 과거로서의 인식

예 ありがとうございました。
(감사합니다.)

おめでとうございました。
(축하합니다.)

위의 예문에서의 「た」는 감사나 축하의 마음은 지금도 계속되고 있지만 감사하거나 축하하고 싶은 사건을 과거로 인식하고 있음을 나타내는 「た」이다.

1.2 「る」의 용법

문말에서 사용되는 술어 중 「た」형 이외의 것을 가리킨다. 공손형(丁寧形), 보통형, 부정형도 포함되지만 「ている」형은 포함되지 않는다.

1.2.1 현재

① 존재나 소유를 나타내는 동사와 같은 상태동사의 「る」형이나 동사 이외의 술어 「る」형은 현재를 나타낸다. 이와 같은 상태동사, 형용사, 형용동사, 명사 + 「だ」를 정적술어라고 한다.

예 かごの中(なか)にウサギが<u>います</u>。

(바구니 안에 토끼가 있습니다.)

このチーズは<u>おいしい</u>。

(이 치즈는 맛있다.)

田中(たなか)さんは<u>学生(がくせい)だ</u>。

(다나카 씨는 학생이다.)

本(ほん)は机(つくえ)の上(うえ)に<u>あります</u>。

(책은 책상 위에 있습니다.)

② 「食(た)べる」(먹다)와 같은 동작 동사나 「降(ふ)る」(내리다)와 같은 작용을 나타내는 동사의 「る」형은 미래를 나타낸다. 이러한 술어를 동작 술어라고 한다. 이러한 동사가 현재를 나타내기 위해서는 「ている」형을 사용한다.

예 山田(やまだ)さんはレストランで夕食(ゆうしょく)を<u>食(た)べています</u>。

(야마다 씨는 레스토랑에서 저녁을 먹고 있습니다.) 〈현재〉

雨(あめ)が<u>降(ふ)っています</u>。

(비가 내리고 있습니다.) 〈현재〉

1.2.2 미래

「見る」(보다), 「休む」(쉬다)와 같은 동작 동사, 「降る」(내리다), 「咲く」(피다)와 같이 작용을 나타내는 동사의 「る」 형은 미래를 나타낸다.

예 今晩、映画を見ます。
(오늘 밤에 영화를 볼 겁니다.) 〈미래〉

ちょっと休みます。
(좀 쉬겠습니다.) 〈미래〉

② 상태동사나 형용사, 명사 술어문의 「る」 형은 미래 시제의 부사와 함께 사용되어 미래를 나타낸다.

예 今日は午後から授業があります。
(오늘은 오후부터 수업이 있습니다.)

今週の日曜日は忙しいです。
(이번 주 일요일은 바쁩니다.)

来年から大学生です。
(내년부터 대학생입니다.)

1.3 상대텐스, 절대텐스

다음 예문 중 B, D의 종속절의 「行(いっ)た」 형은 파리에 가는 것이 가방을 사는 것보다 전에 일어난 것을 나타내고, A, C의 「行(い)く」 형은 파리에 가는 것이 가방을 사는 것보다 후에 일어난 것을 나타낸다. 또한 A, B의 주절의 「買(か)いました」는 가방을 사는 것이 발화시보다 전에 일어난 것을 나타내고, C, D의 주절의 「買(か)います」 형은 가방을 사는 것이 발화시 이후에 일어날 것을 나타낸다. 이와 같이 종속절의 텐스가 주절의 텐스에 의해 상대적으로 정해지는 것을 상대텐스라고 하고 주절의 텐스가 발화시와의 관계로 정해지는 것을 절대텐스라고 한다.

예 A. パリへ<u>行(い)く</u>とき、カバンを<u>買(か)いました</u>。

(파리에 갈 때 가방을 샀습니다.) (買(か)う→行(い)く)

B. パリへ<u>行(い)ったた</u>とき、カバンを<u>買(か)いました</u>。

(파리에 갔을 때 가방을 샀습니다.) (行(い)く→買(か)う)

C. パリへ<u>行(い)く</u>とき、カバンを<u>買(か)います</u>。

(파리에 갈 때 가방을 살 겁니다.) (買(か)う→行(い)く)

D. パリへ<u>行(い)ったた</u>とき、カバンを<u>買(か)います</u>。

(파리에 갔을 때 가방을 살 겁니다.) (行(い)く→買(か)う)

1.4 초시간적인 표현

명사, 형용사, 동사 등의 기본형은 시간을 초월하여 불변의 진리, 자연법칙 등을 나타낼 수 있다.

예 冬(ふゆ)は寒(さむ)い。
(겨울은 춥다.)

太陽(たいよう)は東(ひがし)のほうから昇(のぼ)る。
(태양은 동쪽에서 뜬다.)

2. 아스펙트

아스펙트는 동작·사건의 개시, 계속, 종료 등의 시간적 성질에 관한 표현이다. 아스펙트를 갖는 것은 동사에 한정되며 일본어의 대표적인 아스펙트 형태에는 「−る」「−た」「−ている」「−てある」「−ておく」「−ていく」「−てくる」「−てしまう」「ます형+はじめる/おわる/つづける」 등이 있다.

「ている」형은 아스펙트 중에서 계속을 나타내는 가장 전형적인 형태로 「ている」형에는 다음과 같은 의미가 있는데 이것은 동사에 따라 정해진다.

2.1 계속

「食べる」(먹다), 「降る」(내리다)와 같은 동작이나 사건을 나타내는 동사의 「ている」형은 동작이나 사건의 계속을 나타낸다.

예 田中さんはレストランで夕食を食べています。
(다나카 씨는 레스토랑에서 저녁을 먹고 있습니다.)

彼は運動場を走っています。
(그는 운동장을 달리고 있습니다.)

雨が降っています。
(비가 내리고 있습니다.)

風が吹いています。
(바람이 불고 있습니다.)

2.2 상태

다음의 「すぐれる」(훌륭하다), 「そびえる」(솟다), 「似る」(닮다), 「曲がる」(굽다)과 같은 동사의 「ている」형은 상태를 나타낸다. 이들 동사는 항상 「ている」의 형태로 쓰인다.

예 すぐれている。
(훌륭하다.)

そびえている。

(솟아있다.)

似ている。

(닮았다.)

道が曲がっている。

(길이 굽어 있다.)

2.3 결과 상태

「死ぬ」(죽다), 「割れる」(깨지다), 「溶ける」(녹다)와 같이 변화를 나타내는 동사의 「ている」형은 변화된 결과 상태가 계속되고 있음을 나타낸다.

예 教室の窓ガラスが割れています。

(교실 창유리가 깨져 있습니다.)

虫が死んでいます。

(벌레가 죽어 있습니다.)

※ 또한, 「行く」(가다), 「来る」(오다), 「帰る」(돌아오다)와 같은 이동동사의 「ている」는 「死ぬ」(죽다), 「割れる」(깨지다), 「溶ける」(녹다)와 같은 변화를 나타내는 동사와 같이 상태의 계속을 나타낸다. 「行く」(가다), 「来る」(오다), 「帰る」(돌아오다) 등과 같은 동사는 주어가 있는 위치의

변화를 나타내는 것이라 할 수 있다.

예 山田さんは中国に行っています。

(야마다 씨는 중국에 가 있습니다.)

弟は私の家に来ています。

(남동생은 우리 집에 와 있습니다.)

2.4 경력

다음 예문에서의 「ている」는 경력을 나타낸다.

예 彼は二度結婚している。

(그는 두 번 결혼했다.)

入試に二回落ちている。

(시험에 두 번 떨어졌다.)

2.5 아스펙트가 없는 동사

「ある」(있다), 「いる」(있다)와 같이 존재를 나타내는 동사나 가능형과 같이 상태를 나타내는 동사의 「ている」형은 없다.

2.6 그 밖의 아스펙트 표현

① 직전을 나타내는 경우

・-かける(막 -하려 하다)

예 彼女(かのじょ)は倒(たお)れかけている。

(그녀는 막 쓰러지려 하고 있다.)

・-ようとしている(-하려고 하다)

예 ご飯(はん)を食(た)べようとしている。

(밥을 먹으려 하고 있다.)

・-するところだ(-하려는 참이다)

예 今(いま)、出(で)かけるところだ。

(지금 막 나가려는 참이다.)

② 개시를 나타내는 경우

・-かける(-하기 시작하다)

예 観客(かんきゃく)が席(せき)を立(た)ちかける。

(관객이 자리를 뜨기 시작한다.)

・-始(はじ)める(-하기 시작하다)

예 学生(がくせい)たちは勉強(べんきょう)をし始(はじ)めました。

(학생들은 공부를 하기 시작했습니다.)

• −出(だ)す(−하기 시작하다)

예 雨(あめ)が降(ふ)り出(だ)しました。

(비가 내리기 시작했습니다.)

③ 진행 중임을 나타내는 경우

• −しているところだ(−하고 있는 중이다)

예 ご飯(はん)を食(た)べているところです。

(밥을 먹고 있는 중입니다.)

④ 직후, 종결을 나타내는 경우

• −たところだ(−한 참이다)

예 ご飯(はん)を食(た)べたところです。

(밥을 다 먹은 참입니다.)

• −終(お)わる/−終(お)える(−끝나다/−끝내다)

예 本(ほん)を読(よ)み終(お)えました。

(책을 다 읽었습니다.)

飲(の)み終(お)わりました。

(다 마셨습니다.)

Chapter 3

모달리티(modality, 叙法)

문은 객관적 사실을 나타내는 부분과 그 사실에 대한 화자의 태도를 나타내는 부분으로 나누어지는데 전자를 명제, 후자를 모달리티라고 한다. 즉, 모달리티는 단정, 확신, 추량, 전문 등 어떠한 사물에 대한 화자의 입장을 나타낸 표현이다.

たぶん　明日(あした)　雨(あめ)が　降(ふ)る　だろう

객관적 사실(명제)

객관적 사실에 대한 화자의 태도(모달리티)

1. 단정을 나타내는 표현

단정이란 명제에 대해 화자가 단정적으로 판단하여 서술하는 형식을 말한다. 대표적인 것으로 「だ」, 동사·형용사·형용동사의 기본형과 부정형, 과거형, 과거부정형, 「です」「ます」와 같은 표현이 있다.

예 あの人(ひと)は田中(たなか)さんの奥(おく)さんだ。
(저 사람은 다나카 씨의 부인이다.)

この部屋(へや)は静(しず)かだ。
(이 방은 조용하다.)

彼(かれ)は必(かなら)ず来(く)る。
(그는 반드시 온다.)

結局(けっきょく)、彼女(かのじょ)は来(き)ませんでした。
(결국 그녀는 오지 않았습니다.)

2. 추량을 나타내는 표현

2.1 「だろう」(정중표현 「でしょう」)

「だろう」는 화자의 생각을 단정하지 않고 추량할 때 사용되는 표현이다.

예 明日(あした)は雨(あめ)が降(ふ)るだろう。

(내일은 비가 올 것이다.)

彼(かれ)はきっと来(く)るでしょう。

(그는 꼭 올 것입니다.)

2.2 「かもしれない」

어느 정도의 가능성을 나타내는 표현이다.

예 彼(かれ)は来(く)るかもしれない。

(그는 올지도 모른다.)

2.3 「はずだ」「にちがいない」

어느 정도의 확신을 가지고 말하는 표현이다.

예 彼(かれ)は来(く)るに違(ちが)いない。
(그는 올 것임에 틀림없다.)

彼(かれ)は来(く)るはずだ。
(그는 틀림없이 올 것이다.)

3. 추정을 나타내는 표현

3.1 「そうだ」

외관, 징후를 나타내는 표현 「そうだ」(양태)는 형용사, 형용동사에 붙으면 대상의 외관으로부터 그 성질을 추정하는 의미가 된다. 또한 동작이나 변화를 나타내는 동사에 붙으면 동작, 변화를 일으키는 징후를 나타낸다.

예 このケーキはおいしそうです。
(이 케이크는 맛있을 것 같습니다.)

このパソコンは便利(べんり)そうです。
(이 PC는 편리할 것 같습니다.)

山田さん、上着のボタンが落ちそうですよ。

(야마다 씨, 윗도리의 단추가 떨어질 것 같아요.)

(空が曇っていることから)雨が降りそうだ。

((하늘이 흐린 것을 보고) 비가 내릴 것 같다.)

3.2「ようだ」「みたいだ」「らしい」

「ようだ」「みたいだ」는 상황으로부터의 판단을 나타내는 표현이다. 「ようだ」는 문장체나 격식을 차린 말투에 사용되며 「みたいだ」는 회화체에 사용되는 표현이다. 즉 「ようだ」「みたいだ」는 의미의 차이는 없으나 문체에 차이가 있다. 또한, 「らしい」도 상황으로부터의 판단을 나타내는 경우에 사용된다.

예 会員がそろったようですので、会議を始めたいと思います。

(회원이 다 모인 것 같으니 회의를 시작하겠습니다.)

(荷造りしている状況から)彼女は旅行に行くようだ。

((짐을 싸고 있는 상황으로부터)그녀는 여행가는 것 같다.)

この店は休みみたいですから、別の店に行きましょうか。

(이 가게는 휴무인 것 같으니까 다른 가게로 갈까요.)

(高橋さんがせきをしている状況から)高橋さんはかぜを引いているらしいです。

((다카하시 씨는 기침을 하고 상황으로부터)다카하시 씨는 감기에 걸린 것 같습니다.)

하지만, 「らしい」는 「ようだ」「みたいだ」보다 무책임한 뉘앙스를 띠기 쉬우므로 다음과 같이 책임을 가지고 발언하지 않으면 안 되는 경우, 「らしい」는 사용할 수 없다.

예 ○ 胃が弱っているようです。この薬を飲んでください。

(위가 약해진 것 같습니다. 이 약을 드세요.)

○ 胃が弱っているみたいです。この薬を飲んでください。

(위가 약해진 것 같네요. 이 약을 드세요.)

× 胃が弱っているらしいです。この薬を飲んでください。

(위가 약해진 것 같습니다. 이 약을 드세요.)

※「らしい」는 다음 예문과 같이 명사에 붙어 그 명사의 전형적인 성질을 나타내는 접미사적 용법이 있다. 이 용법은 위에서 다루었던 추정 용법과는 의미적으로도 다르다. 접속에 있어서도 추정을 나타내는 「らしい」는 명사 외에 형용사, 형용동사, 동사에 붙지만 접미사 「らしい」는 명사

에만 접속된다.

예 彼の格好はいかにも芸術家らしいですね。
(그의 차림새는 정말이지 예술가답네요.)

人のものを盗むなんて、彼らしくない行動ですね。
(다른 사람 물건을 훔치다니 그답지 않은 행동이군요.)

4. 전문을 나타내는 표현

「そうだ」(전문)는 타인으로부터 듣거나 책에서 읽거나 뉴스에서 보거나 해서 알고 있는 사항을 나타낸다. 이 표현은 정보원을 나타내는 「−によると」(−에 의하면), 「−の話では」(−의 이야기로는) 등과 같이 사용되는 경우가 많다.

예 先輩の話では月曜日のゼミは役に立つそうです。
(선배 이야기로는 월요일 세미나는 도움이 된다고 합니다.)

新聞によると明日は雨だそうです。
(신문에 의하면 내일은 비가 내린다고 합니다.)

추량과 추정의 차이

추량 표현과 추정 표현은 어떠한 차이점이 있을까?

추량과 추정 표현 모두 화자가 어떠한 사항을 판단한다는 점에서는 동일하지만 그 판단의 근거에 차이가 있다. 추정이란 화자가 어떠한 근거를 가지고 판단하는 것이고 추량은 근거가 없이 행하는 판단이라는 점에 차이가 있다. 예를 들어 다음의 첫 번째 예문은 아무런 근거 없이 그는 꼭 올 것이라고 판단하는 추량 표현이고 두 번째 예문은 직접 짐을 싸고 있는 상황을 보면서 그녀는 여행가는 것 같다고 판단하는 추정 표현이다.

이 외에 추량표현에는 「だろう」「かもしれない」「はずだ」「にちがいない」 등이 있고, 추정 표현에는 「そうだ」「らしい」 등이 있다.

예 彼(かれ)はきっと来(く)るでしょう。
(그는 꼭 올 것입니다.)

(荷造(にづく)りしている状況(じょうきょう)から)彼女(かのじょ)は旅行(りょこう)に行(い)くようだ。
((짐을 싸고 있는 상황으로부터)그녀는 여행가는 것 같다.)

Chapter 4

경어

경어라는 것은 상대와 화제의 인물에 대한 경의를 나타내는 표현이다. 경어가 사용되는 경우는 윗사람(선생님, 직장상사, 연장자 등)과 이야기할 때, 모르는 사람이나 친하지 않은 사람과 이야기할 때, 공식적인 장소에서 이야기할 때 등이다. 이러한 경어는 대부분의 언어에 존재하는데 그중에서도 일본어는 경어가 매우 발달된 언어 중의 하나이다.

일본어의 경어는 크게 소재경어와 대자경어로 나누어지는데 소재경어는 존경어, 겸양어가 있고, 대자 경어에는 공손어가 있다. 이 외에 미화어도 학자에 따라 경어에 포함시키는 경우가 있다.

1. 소재경어와 대자경어

1.1 소재(素材(そざい))경어

화제의 인물, 즉 동작이나 상태의 주체에 대한 경의를 나타내는 표현이다. 다음 예문에서는 화제의 인물, 즉 동작의 주체인 선생님에 대한 경의만 표현되어 있다.

예 先生(せんせい)はもうお帰(かえ)りになった？
(선생님은 벌써 귀가하셨어?)

1.2 대자(対者(たいしゃ))경어

장면(場面(ばめん))경어라고도 하며 이야기 상대에 대한 경의를 나타내는 표현이다. 「先生(せんせい)はもうお帰(かえ)りになった？(선생님은 벌써 귀가하셨어?)」에 비해 다음 예문은 화제의 인물인 선생님에 대한 경의뿐만 아니라 이야기 상대에 대한 경의도 표현되어 있다.

예 先生(せんせい)はもうお帰(かえ)りになりましたか？
(선생님은 벌써 귀가하셨습니까?)

하지만 다음 예문과 같이 화제의 인물과 상대가 동일 인물인 경우도 있다. 이 경우 다나카 씨는 화제의 인물임과 동시에 이야기 상대이기도 하다.

예 (田中さんに対して)田中さんはもうお昼を召し上がりましたか?

(다나카 씨는 벌써 점심을 드셨습니까?)

존경어와 겸양어는 소재경어이고, 공손어는 대자경어이다.

2. 존경어

존경어는 다음 예문과 같이 화제의 인물, 즉 동작이나 상태의 주체에 대한 경의 표현이다.

예 先生はもうお帰りになりましたか。
(선생님은 벌써 귀가하셨습니까?)

お客様は玄関にいらっしゃいます。
(손님은 현관에 계십니다.)

존경어의 형식

〈동사〉

① 특수한 형태

예 いらっしゃる(계시다), 召し上がる(드시다) 등

② お + 연용형 + になる

예 お待ちになる(기다리시다), お教えになる(가르치시다) 등

변격동사와 1음절인 동사, ①과 같이 특수한 형태가 있는 경우, 보통 이 형태는 사용하지 않는다.

③ 오단동사 – 미연형 + れる
　일단동사 – 미연형 + られる

예 書かれる(쓰시다), 教えられる(가르치시다) 등

「できる」(할 수 있다), 「分かる」(알다, 이해하다)와 같은 동사나 가능형에 이 형태는 사용하지 않는다. 일반적으로 ③에 비해 ①②가 더 정중한 표현이다.

〈명사〉

① 그 명사로 나타내는 인물을 높여 주는 것

예 こちら(이분), そちら(그분), あちら(저분), どちら(어느 분), どなた(어느 분), –方[かた](–분), –さん(–씨), –様[さま](–씨), –氏[し](–씨) 등

② 그 명사의 소유자를 높여 주는 것

「お」는 고유어(和語[わご]), 「ご」는 한자어(漢語[かんご])에 붙는 규칙이 있지만 예외도 있다.

예 お–お名前[なまえ](이름), お仕事[しごと](일), お部屋[へや](방), お手紙[てがみ](편지), お留守[るす](부재) 등

ご–ご住所[じゅうしょ](주소), ご両親[りょうしん](양친), ご兄弟[きょうだい](형제), ご家族[かぞく](가족), ご研究[けんきゅう](연구) 등

예외) お時間[じかん](시간), お電話[でんわ](전화), お食事[しょくじ](식사), お宅[たく](댁) 등

〈형용사, 형용동사〉

사람의 상태를 나타내는 형용사에는 「お」「ご」를 붙여 존경어가 되는 경우가 있다. 이 경우도 「お」는 고유어, 「ご」는 한자어에 붙는다.

예 お–お忙しい(바쁘시다), お暇(한가하시다), お寂しい(외로우시다), お早い(빠르시다) 등

ご–ご多忙(다망), ご心配(걱정), ご不満(불만), ご満足(만족) 등

예외) お元気(건강)

3. 겸양어

겸양어는 동작의 주체를 낮추어 상대적으로 동작을 받는 상대에 대한 경의(그 사람의 소유물 포함)를 나타내는 표현이다. 다음 예문에서는 동작을 받는 상대인 사장, 만난다는 동작을 받는 연구실의 소유주인 선생님에 대한 화자의 경의가 나타나 있다.

예 私はゆうべ社長を車でお送りしました。

(나는 어젯 밤 사장님을 차로 모셔다 드렸습니다.)

先生の研究室をぜひ拝見したいです。

(선생님 연구실을 꼭 보고 싶습니다.)

겸양어의 형식

〈동사〉

① 특수한 형태

예 申す(아뢰다), 致す(하다) 등

② お + 연용형 + する(고유어)

ご + 연용형 + する(한어동사)

예 お待ちする(기다리다), お教えする(가르치다) 등

ご案内する(안내하다) 등

〈명사〉

동작에 관계되는 명사에는 「お」「ご」를 동반하여 겸양어가 되는 것이 있다. 여기에서도 「お」는 고유어, 「ご」는 한자어에 붙는다.

예 お-お電話(전화), お話(이야기) 등

ご-ご相談(상담), ご連絡(연락), ご案内(안내) 등

겸양어는 동작의 대상에 대한 경의를 나타내는 것이므로 상대가 존재하지 않는 동작에 겸양어를 사용할 수 없다.

예 × 昨日図書館に伺った。

(어제 도서관을 방문했다.)

○ 昨日先生の研究室に伺った。

(어제 선생님 연구실을 방문했다.)

× 昨日テレビを拝見しました。

(어제 TV를 배견했습니다.)

○ 昨日 田中さんが出演された番組を拝見しました。

(어제 다나카 씨가 출연하신 프로그램을 배견했습니다.)

특수 존경어와 특수 겸양어

특수 존경어	기본형	특수 겸양어
召し上がる	食べる·飲む	いただく
いらっしゃる	いる	おる
いらっしゃる	行く	参る·伺う
いらっしゃる	来る	参る·伺う
ご存じだ	知っている	存じておる
なさる	する	致す
おっしゃる	言う	申す
お会いになる	会う	お目にかかる
ご覧になる	見る	拝見する

4. 공손어

공손어(丁寧語(ていねいご))는 공손한 말을 사용함에 따라 상대에 대한 경의를 나타내는 표현이다. 대표적인 것으로 문말의 「です」「ます」가 있다. 다음의 첫 번째 예문에서는 화제의 인물인 선생님에 대한 경의만이 나타나 있지만, 두 번째 예문에는 문말에 공손어를 사용함에 따라 상대에 대한 경의도 나타내고 있다.

예 先生(せんせい)がいらしゃったから、お茶(ちゃ)をお出(だ)ししたよ。
(선생님이 오셔서 차를 대접했어.)

先生(せんせい)がいらしゃったから、お茶(ちゃ)をお出(だ)ししましたよ。
(선생님이 오셔서 차를 대접했습니다.)

5. 미화어

미화어는 품격 있고 우아한 말투로 이야기하기 위해 사용되는 표현이다. 미화어는 소재경어도 대자경어도 아니나 일본어교육에서는 경어에 준하는 것으로 취급하고 있다. 미화어도 「お」는 고유어, 「ご」는 한자어에 붙는 규칙이 있지만 예외도 있다.

예 お–お茶(차), お菓子(과자), お寿司(초밥), お店(가게), お手洗い(화장실) 등

ご–ご飯(밥) 등

예외) お天気(날씨), お食事(식사) 등

명사에 붙는 「お」「ご」에는 존경어, 겸양어로 사용되는 경우도 있으므로 주의가 필요하다.

예 わざわざお電話をありがとうございます。
(일부러 전화주셔서 감사합니다.)
〈존경어〉

後ほどこちらからお電話をかけさせていただきます。
(나중에 이쪽에서 전화드리겠습니다.)
〈겸양어〉

妹にお電話をかけました。
(여동생에게 전화를 걸었습니다.)
〈미화어〉

상대경어와 절대경어

일본의 회사에서는 「部長がいらっしゃいました。(부장님이 가셨습니다.)」와 같이 회사 사람끼리 회사 내의 사람에 대해 이야기할 때에는 존경어를 사용한다. 그러나 회사 외의 사람에게 회사 내의 사람에 대해 이야기할 때는 「部長が参りました。(부장이 갔습니다.)」와 같이 겸양어를 사용한다.

일본어에서는 한국어와 달리 조직 외의 사람에게 가족이나 조직 내의 사람에 대해 이야기할 때는 손윗사람이나 지위가 높은 사람이라고 해도 경어를 사용하지 않는다. 이렇게 가족이나 조직 내의 인물을 조직 외의 인물에게 낮추어 이야기하는 경어를 〈상대경어〉라고 한다. 또한 한국어와 같이 가족이나 조직 내의 인물, 조직 외의 인물에 관계없이 손윗사람이나 지위가 높은 사람에 대해 높여 이야기 하는 경어를 〈절대경어〉라고 한다.

「先生、今の授業とても上手でした。」와 「社長も飲み会にいらっしゃいたいですか。」

일본어에는 손윗사람을 칭찬하거나 손윗사람의 의지나 의향을 직접적으로 물어서는 안되는 경우가 있다. 예를 들어 「先生、今の授業とても上手でした。(선생님, 지금 수업 너무 잘하셨습니다.)」와 같은 표현이나 「社長も飲み会にいらっしゃいたいですか。(사장님도 회식에 가시고 싶으세요?)」와 같은 표현은 각각 선생님과 사장님에게 실례가 된다. 우선 「先生、今の授業とても上手でした。」의 경우, 좋은 수업을 하는 것은 선생님으로서 당연한 일이기 때문에 그것을 굳이 평가하여 칭찬하는 것은 선생님에게 실례가 된다. 또한, 「社長も飲み会にいらっしゃいたいですか。」와 같이 윗사람의 의향을 직접적으로 물어보는 경우도 실례가 된다. 이 경우, 직접적으로 의향을 묻기 보다는 「いらっしゃいませんか。(가시지 않겠습니까?)」와 같이 권유 표현을 사용하는 것이 좋다.

〈참고문헌〉

会田貞夫·中野博之·中村幸弘編(2004)『学校で教えてきている現代日本語の文法』右文書院

庵功雄外著(2002)『初級を教える人のための日本語文法ハンドブック』スリーエーネットワーク

庵功雄(2003)『やさしい日本語のしくみ』くろしお出版

井口厚夫·井口裕子著、名柄迪監修(2004)『日本語文法整理読本–解説と演習–』バベル·プレス

市川保子(2005)『初級日本語文法の教え方のポイント』スリーエーネットワーク

佐竹秀雄外著(2005)『日本語を知る磨く敬語の教科書』ベル出版

佐藤喜代治編(1977)『国語学研究事典』明治書院

佐藤武義(2002)『現代の日本語』白帝社

田町健編、井上優著(2002)『日本語文法のしくみ』研究社

寺村秀夫外編(2002)『ケーススタディ日本文法』おうふう

野田尚史(1994)『はじめての人の日本語文法』くろしお出版

林巨樹外編(2004)『日本語文法がわかる事典』東京堂出版

東中川かほる·東雲裕子著(2003)『独りで学べる日本語文法』凡人社
平林周祐·浜由美子著、名柄迪監修(1988)『外国人のための日本語例文·問題シリーズ』荒竹出版
益岡隆志·田窪行則著(2003)『基礎日本語文法–改訂版–』くろしお出版
松村明編(1981)『日本文法大辭典』明治書院
森山卓郎(2000)『ここからはじまる日本語文法』ひつじ書房
山口明穂·秋元守英著(2001)『日本文法大辭典』明治書院
山田敏弘(2004)『国語教師が知っておきたい日本語文法』くろしお出版

해답편

Part Ⅰ

chapter 1 문법이란

chapter 2 문, 문절, 단어(P. 20)

1. ① 문절 : 4
   단어 : 7
   ② 문절 : 4
   단어 : 10
   ③ 문절 : 5
   단어 : 8
   ④ 문절 : 6
   단어 : 9
   ⑤ 문절 : 7
   단어 : 13

2. ① 주술관계
   ② 보조 피보조 관계
   ③ 독립관계
   ④ 수식 피수식 관계
   ⑤ 병립관계

Part Ⅱ

chapter 1 품사분류(P. 31)

1. ① 자립어 : 昔々, ある, ところ, おじいさん, おばあさん, い

부속어 : に, と, が, まし, た

② 자립어 : 山田さん, 富士山, 登っ, 木村さん, 立山, 登り

부속어 : は, に, て, は, に, まし, た

③ 자립어 : 海, 泳い, いる, 人, 佐藤さん, 友だち, 田中さん

부속어 : で, で, が, の, の, です

④ 자립어 : お金, 要ら, 彼, 言い

부속어 : は, ない, と, は, まし, た

⑤ 자립어 : 私, 今, ソウル, 住ん, い

부속어 : は, に, で, ます

2. ① もしもし - 감동사, 田中さん－명사, の－조사,

お宅－명사, です－조동사, か－조사

② 皆さん－명사, の－조사, 左側－명사, に－조사,

見える－동사, 島－명사, が－조사, 厳島－명사,

です－조동사

③ ああ－감동사,　とても－부사,　青(あお)い－형용사,　海(うみ)－명사,

だ－조동사,　な－조사

④ 傘(かさ)－명사,　も－조사,　ささ－동사,　ず－조동사,　に－조사,

歩(ある)い－동사,　て－조사,　い－동사,　ます－조동사

⑤ かっこよく－형용사,　て－조사,　まじめな－형용동사,

人(ひと)－명사,　です－조동사,　ね－조사

chapter 2 명사(P. 39)

1. ① それ－대명사,　一冊(いっさつ)－수사

② 私(わたし)－보통명사,　山田(やまだ)－고유명사

③ ここ－대명사,　身動(みうご)き－복합명사

④ 彼女(かのじょ)－대명사,　英語(えいご)－보통명사,　先生(せんせい)－보통명사

⑤ 家(うち)－보통명사,　犬(いぬ)－보통명사,　一匹(いっぴき)－수사

2. ① 복합명사－お中(なか)(접두어 + 명사)

복합명사－食(た)べ物(もの)(동사의 연용형 + 명사)

② 복합명사－買(か)い物(もの)(동사의 연용형 + 명사)

③ 복합명사－私(わたし)たち(명사 + 접미어)

복합명사－お店(みせ)(접두어 + 명사)

④ 복합명사－近道(ちかみち)(형용사의 어간 + 명사)

⑤ 복합명사－立(た)ち話(ばなし)(동사의 연용형＋동사의 연용형)

3. ① 近(ちか)く ② 悲(かな)しみ
③ ごまかし ④ 助(たす)け
⑤ 思(おも)い

4. ① 형식명사 ② 보통명사
③ 형식명사 ④ 보통명사
⑤ 형식명사

chapter 3 연체사(P. 60)

1. 2, 4, 5
2. ① わが ② きたる
③ たいした ④ いわゆる
⑤ ほんの

chapter 4 부사(P. 67)

1. ① 정도부사 ② 진술부사
③ 정도부사 ④ 진술부사
⑤ 진술부사
2. ① たとえ ② ぜひ
③ けっして ④ たぶん
⑤ まさか
3. ① 명사＋명사 ② 동사＋조사
③ 부사＋조사 ④ 명사＋명사
⑤ 동사＋동사

chapter 5 접속사(P. 84)

1. ① 역접 ② 선택
   ③ 전환 ④ 순접
   ⑤ 보충
2. ① 조사 ② 부사
   ③ 접속사 ④ 명사(대명사) + 조사
   ⑤ 명사(대명사) + 조사
3. ① それとも ② すなわち
   ③ さて ④ しかも
   ⑤ ところが
4. 2, 4

chapter 6 감동사(P. 99)

1. ① もしもしー부름 ② はいー응답
   ③ あらー감동 ④ やあー감동
   ⑤ おいー부름
2. ① 감동사 ② 조사(종조사)
   ③ 감동사 ④ 조사(종조사)
   ⑤ 감동사

chapter 7 동사(P. 105)

1. ① ぬが ② 会(あ)っ
   ③ さ ④ いらっしゃい
   ⑤ おっしゃっ
2. ① 가정형, 연용형 ② 미연형
   ③ 미연형 ④ 명령형

⑤ 연용형

3. ① 동사의 연용형 + 동사
② 형용사의 어간 + 접미어
③ 명사 + 접미어
④ 명사 + 접미어
⑤ 형용사 어간 + 동사

4. ① 타동사, 開(あ)く
② 자동사, 出(だ)す
③ 자동사, 並(なら)べる
④ 자동사, 集(あつ)める
⑤ 자동사, 消(け)す

chapter 8 형용사(P. 133)

1. ⑤, うれしゅうございます

2. ① 美(うつく)しかっ
② 安(やす)けれ
③ 暑(あつ)く
④ おもしろい
⑤ 嬉(うれ)しく

3. ① 명사 + 접미어
② 형용사 어간 + 형용사 어간 + 형용사화 접미어
③ 접두어 + 형용사
④ 명사 + 형용사
⑤ 동사 연용형 + 형용사
⑥ 형용사 어간 + 형용사
⑦ 명사 + 형용사
⑧ 동사 연용형 + 형용사
⑨ 동사 미연형 + 형용사화 접미어
⑩ 형용사 어간 + 형용사

4. ① 연체형
② 연용형
③ 가정형, 연용형
④ 종지형
⑤ 미연형

chapter 9 형용동사(P. 149)

1. ① 便利(べんり)だろ ② きれいなら

   ③ 静(しず)かだっ ④ きれいだ

   ⑤ まじめな

2. ① 형용사의 어간 + 접미어 + 조동사

   ② 명사 + 형용사의 어간 + 조동사 ③ 명사 + 접미어 + 조동사

   ④ 접두어 + 형용동사 ⑤ 명사 + 조동사

3. ① 가정형 ② 연용형

   ③ 미연형 ④ 연체형

   ⑤ 연용형

chapter 10 조동사(P. 160)

1. ① 読(よ)ませ ② 行(い)きたく

   ③ 降(ふ)りそうな ④ 知(し)らなかろ

   ⑤ 食(た)べる

2. ① 형용동사형 활용 ② 형용사형 활용

   ③ 동사형 활용 ④ 무활용

   ⑤ 형용동사형 활용

3. ① 자발 ② 존경

   ③ 가능 ④ 수동, 가능

   ⑤ 가능

4. ① 명령형 ② 종지형

   ③ 연용형 ④ 연체형, 연용형

   ⑤ 미연형

chapter 11 조사(P. 185)

1. ① に ② が
   ③ で ④ に
   ⑤ でも ⑥ に
   ⑦ で ⑧ に
   ⑨ に ⑩ に
2. ① に ② や
   ③ に ④ しか
   ⑤ あれば ⑥ 受(う)かれば
   ⑦ を ⑧ と
   ⑨ ばかり ⑩ だら, なら